別傻了 這才是廣島

巴士超多・三分鐘熱度・醬汁消費量日本第一…49個不為人知的潛規則

●都會生活研究專案——著
●卓惠娟——譯

Hiroshima
廣島ルール

序言

中國地方之雄——莫過廣島！如果只憑表面的印象去看廣島，很容易誤解它真實的樣貌。因為廣島擁有的不僅是原爆圓頂館、廣島隊、楓葉饅頭、什錦燒，也不是每個人都像電影《無仁義之戰[1]》裡出現的兇悍大叔般滿口怪怪廣島腔……！

嚴格來說，廣島可以說是「日本的縮圖」。

從氣候來看，廣島縣北部的冰天雪地不輸北海道旭川市，島嶼的部分則氣候暖和近似九州南部。有海也有山，可以滑雪可以進行水上運動，也可以打高爾夫，彷彿日本列島縮小版，具有非常豐富的多樣性。

以產業方面來看，廣島的漁業及農業都很繁盛，也有運用地利之便成為交易據點而繁榮的歷史。而後更發展了造船、機械等工業，在獲得軍都地位的同時，也奠定日本製造業的基礎。

除此之外，廣島在政治方面也曾有過「日本中心」的時期。第一次中日戰爭（甲午戰爭）時，大本營就設置於廣島，並作為臨時的國會議事堂召開國會。

就算你覺得這些都沒什麼了不起，但是不是多少能夠感受到廣島人為家鄉驕傲的樣貌？

話雖如此，他們並不會氣勢凌人地強調「廣島是個什麼樣的地方」，請儘管放心。

廣島人看似熱血沸騰，卻又有著酷酷的一面；有任性的一面，又有沉穩的一面；看似古樸，但也喜愛新事物；有著重視地緣及團隊合作的日本傳統，同時又抱著樂天思考往外發展，有幾乎瞻前不顧後地果敢挑戰新事物的特質。

總之他們個性自由且具高度彈性！因此廣島人絕對不會過度逞強，而是自然而然地愛上自己的家鄉。能夠自我嘲諷「太可惜了！廣島縣」，正是來自這份從容自信的情懷。這也是基於廣島的地形、溫暖的氣候，以及過去不幸的歷史，因而孕育出「廣島的特性」。

什麼才是廣島真實的一面呢？本書將以廣島風格(?)悠哉地～解說或許連廣島人都沒注意到的當地特色及生活風俗。要是能作為廣島人再次確認自己DNA的工具，以及澄清外縣市人們對廣島誤解的教材，就是我們最大的榮幸。

都會生活研究專案代表　大澤玲子

目錄　別傻了　這才是廣島

交通篇

購物篇

Hiroshima Rules

食物篇

Hiroshima Rules

街道篇

Hiroshima Rules

詞彙・人際關係篇

Hiroshima Rules

生活百匯篇

Hiroshima Rules

安藝
備後
安藝及備後的
界線
府中町
馬自達總公司
北部 日本最西邊的
滑雪場聖地
三次
這裡吃鱷魚喔
福山
木屐生產日本第一
木屐奧運
主辦地點
廣島市
竹原
三原
尾道
由於《幸福光暈》而
帶動當地巡禮風潮
電影聖地
尾道拉麵極受歡迎
吳市
以自行車穿越
島波海道
自行車聖地
大和博物館
連小小的無人島也算進去的話，
廣島縣內有142個島!!

不錯的地方嘛！廣島地圖

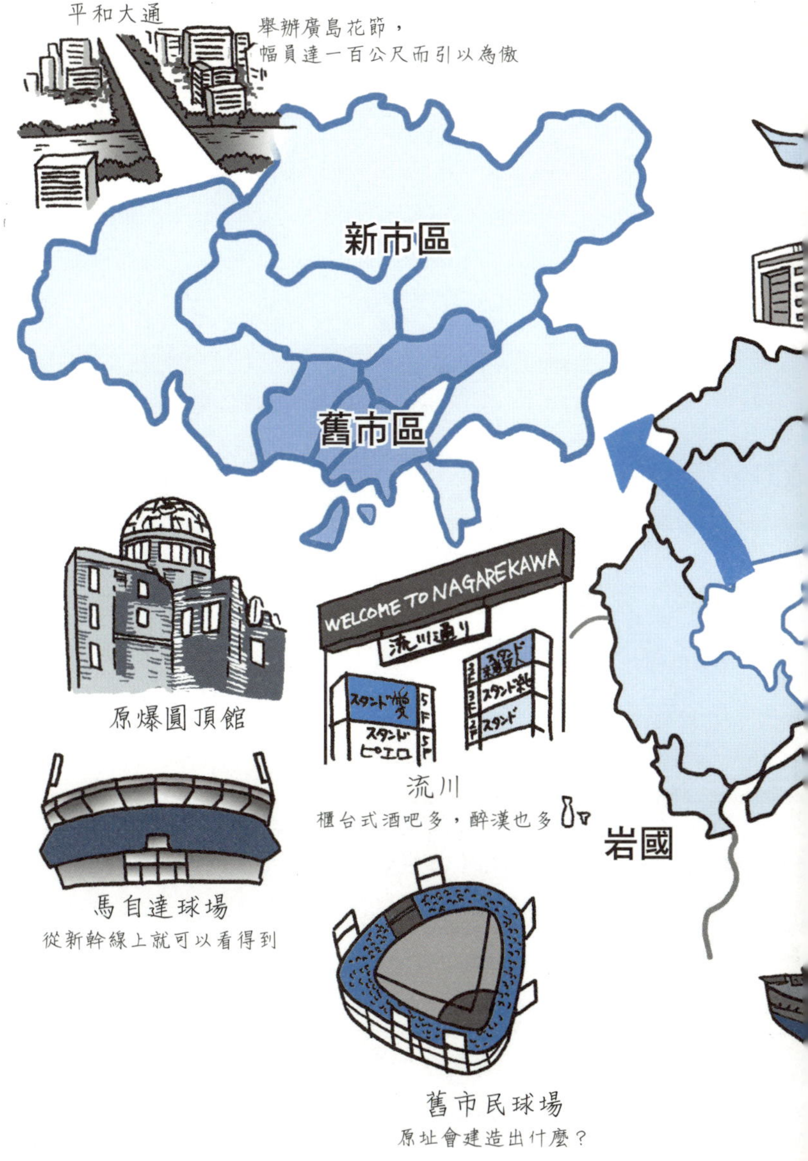

平和大通
舉辦廣島花節，
幅員達一百公尺而引以為傲
新市區
舊市區
原爆圓頂館
WELCOME TO NAGAREKAWA
流川通り
流川
櫃台式酒吧多，醉漢也多
岩國
馬自達球場
從新幹線上就可以看得到
舊市民球場
原址會建造出什麼？

Hiroshima Rules

交通篇

購物篇

食物篇

街道篇

詞彙．人際關係篇

生活百匯篇

潛規則1

以走路代替搭電車

半徑約二點五公里——這是什麼數據?答案是廣島市中心的大小。一五八九年，毛利輝元在建都築城之際，命名此地為廣島。然而與地名的「廣」相反，山與海環繞的這塊土地其實很狹小。

正因為是一個這麼迷你的城市，所以在日本消失蹤影的路面電車（通稱廣電、電車），現在仍在廣島活力十足地為市民效命。街道中央匡咚匡咚行駛的電車，對於旅人是詳和的廣島風情象徵。不過，如果在這裡生活而需利用路面電車時，就不能只是沉浸於旅遊風情，有一些事情務必注意。

首先是交通時間。就如一整年都暖和悠閒的廣島特色，電車速度包括停車時間在內，平均時速是十～十五公里（表定速度）。有時等紅綠燈的時間甚至超過行駛時間。因此，當市中心的紙屋町或廣島站前附近，電車一輛接著一輛塞成一團時，走路反而比較快。這其實是廣島人的必備常識!?

第二點是移動距離。就如一開始說的「因為是一個這麼迷你的城市」，在近距離的市中心搭乘路面電車，好處是可以省下買票、上下樓梯花費的時間。但如果要遠遊至宮島線的終點宮島口的話，搭JR絕對比較快（一進入宮島線，速度突然加快，但時速限制在六十公里以下）。

以稍微輕率的說法來講，路面電車在廣島並不是用來趕時間的工具。以散步的心情，或是雨天避免淋濕而使用才是正確的。

話雖如此，廣島身為電車王國的尊嚴不容輕忽。擁有一百三十五輛電車，營業距離三十五點一公里，堂堂位居日本第一。此外也以運載乘客一年達三千六百八十五萬兩千人（二○○九年）而自豪。隨著六○年代汽車社會的來臨，乘客大幅減少，雖然曾提倡廢止，但是，廣島電車大膽（?）地接受國內外的二手電車以增加載客量，還真是「精打細算」……啊不，是環保，此舉更因此成為「鐵CHAN」（鐵道迷）也注目的「行動交通博物館」。

為了讓更多人以電車代步，也引進更容易搭乘的最新超低底盤電車。日本製造的超低底盤電車「GREEN MOVER MAX」（5100型），白色車身象徵著和平都市，座位則是以呼應宮島的楓葉設計而成，外觀充滿時尚感（曾獲得許多設計獎）！另外，也不要問「為什麼政令指定都市[2]竟然沒有地下鐵」的天真問題。因為廣島市內是三角洲及填海而成的沖積平原，詳細原因說來話長（?），我們還是不要深究好了。

據說廣島在被投下原子彈後的第三天，電車便有部分已恢復通車，這件事賦予市民勇氣，寫下令他們自豪的一段歷史。正如廣島人性格，總在關鍵時刻展現力量。今後的課題是如何縮短交通時間的新路線整備計劃，要是這個計劃能夠早日實現就太好了……

我是廣島田東子。
前陣子剛從東京
嫁到廣島來
哇！這就是有名的
路面電車！
我要搭～
這裡是出口
咦？電車還有分
入口和出口？
原來如此，
因為下車才收票
啊！慘了！
PASPY
要儲值才行！
窣窣
窸窸
現在儲值，請放好卡片。
哇！好大聲!!
真尷尬～
※廣島銀行也可以儲值喔！

※也有從出口上車的情況。

潛規則2

開車時注意電車道

路面電車在廣島非常有存在感。因此，開車行駛電車道（有軌道的馬路）時必須小心。

首先，最基本的規則就是在設置軌道的區域內禁止行駛（傳說以前曾有面貌兇惡的人開著賓士等高級車，招搖過市地開在軌道上……）。

另外，等待右轉時，也不能停在軌道區域內。不論多麼緊急，都要乖乖在區域外等。在設有電車優先的號誌燈區域，絕對不要忘了確認燈號，避免妨礙行駛中的電車是廣島駕駛人的必備素養。

再加上，雨天時的電車道容易打滑，騎摩托車穿越軌道時，千萬要小心避免摔車跌倒。有些區域軌道與車道的間隔異常狹窄，也會發生與等電車的乘客擦撞的危險，例如小網町車站雖然是電車停靠站卻並不是安全地帶……

廣島人取得駕照時，須經由道路駕駛實際學習這些「廣電規則」。因此，廣島初學者第一次在廣島開車時一定要將這些規則謹記在心，不然誤闖入電車道內可就事態嚴重了！一定要避免激怒（？）電車，否則會被電車大鳴喇叭警告，廣島人都曾經過這樣的洗禮。不知是不是一種報復性的心態，在電車道以外的路上，不少廣島駕駛人開車似乎特別容易橫衝直撞……

乍看之下悠閒和平的廣電世界，漫不經心的話可能會捲入麻煩，千萬小心！

潛規則3

巴士多到讓人覺得浪費

Hiroshima Rules

廣島創下日本首次的事物出奇地多。其中一項是國產客車。除了引擎以外，完全由日本製造的「可橫巴士(Kayoko Bus)」，行駛於可部及橫川之間(因為是「可部」和「橫川」，所以命名為「可橫」)，歷史之早可以回溯到明治三十八年(一九〇五)。但是因為客車使用的輪胎來不及上市，而替代使用的一般自用車輪胎又不堪使用，所以才九個月就停止載送。這個結果充分符合廣島人「船到橋頭自然直！」的個性。這樣的勇氣(?)應該傳承後代，因此現在的橫川車站，仍展示著「可橫巴士」。

巴士的歷史暫時擱置一旁，回到廣島的道路話題。廣電的存在感自然不必再多說，以使用人數來說，巴士更是主流。廣島甚至有「4B之街」(BUS／巴士、BRIDGE／橋＝光是廣島市內就有兩千六百座橋、BAR／酒吧＝小酒店、BRANCH／支店＝分店)的說法。在市中心有廣電，連結山邊、郊外和鬧區的JR是交通主要幹道，之外再細密分散為巴士路線行駛在廣島各地。

集結這些巴士的公司是廣島站和紙屋町的客運中心。這裡事實上也是日本首次能夠讓多家巴士公司的大客車進入建築物的客運中心。只不過，因為路線實在太多(光是巴士公司總數便多達三十五家)，剛到廣島的人即使研究路線圖恐怕還是難以理解。

若是以為平時搭巴士上下班的廣島人應該很清楚巴士路線，就大錯特錯了。但也不能因為「除了自己所使用的路線，其餘都一問三不知……」、「你問我從客運中心可以搭到哪裡？

我哪知道？」」就以「船到橋頭自然直」的精神搭車，這麼做很可能被載到意想不到的荒野深山（廣島七成都是山）。

另外還有一項前往郊外的單軌電車則是「明日輕軌電車[4]（ASTRAMLINE）」。從紙屋町的「縣廳前站」聯結到廣島陸上公園競技場的「廣域公園前站」，長達十八點四公里，是廣島市郊區主要交通動脈，規模也是日本最長！但是經營方面似乎持續赤字狀況。由於西風新都隧道開通，如果要前往市區，搭巴士或開車比較方便，所以乘客變少了!?嗯～真可惜呀！廣島……

結果，原本預定的明日輕軌電車環狀線計劃，或是與廣島站接續的計劃因而腰斬。往紙本屋町或本通方面時還好，往車站方面的交通路線就差強人意，所以必須多注意。

事實上，廣島雖然大眾交通種類繁多，整頓的問題似乎卻有許多爭議。例如，連接橫川站到可部站的JR可部線，曾有一度從可部站以後廢線，後來從可部到下一站的舊河戶站的區間似乎有機會恢復通車，但最後的結果還是持續停止的狀態……非常可惜。這段故事後來成為小說《D列車で行こう》的題材，小說中的主角積極想方設法，說服官方政府將廢線恢復行駛。如果小說的內容也在現實生活中實現，這便會是日本首次JR廢止路線重新開通的案例。期盼處處以日本首次自豪的廣島，能因此再添一筆記錄……

我是廣島太郎。我和太太東子在大阪的大學認識。第一次去關東遊玩的時候…
我們去搭纜車吧！
可以看見富士山，很漂亮喔
嗯
我以前在廣島都是搭空中纜車上學
箱根
去搭百合海鷗號吧！
嗯
明日輕軌電車比較漂亮！
新橋
看來看去東京也不怎麼樣嘛！
和廣島沒什麼兩樣
呼～
哇啊～富〇電視台耶！
啊！藝人會來這裡對吧？明星明星！
騷～動
你興奮過度了吧？
因為有追星的狂熱
台場

潛規則4

剛取得駕照時就去「山賊」

Hiroshima Rules

如果身為廣島人卻沒去過這家店……那還有資格說是廣島人嗎？

只要是廣島人一定都去過的這家店叫做「地爐山賊」，不過，地點其實並不是在廣島，而是在山口縣的岩國市。旗艦店玖珂店位於沿著國道二號線的山裡。

「為什麼是在山裡？」、「吃個飯有必要特地跑到那裡嗎？」

我來說明吧！這是因為山賊已經超出一般「餐飲店」的存在了。

說到山賊的魅力……它的樂趣從前往店舖的路上就開始了。以前還沒有高速公路時，從廣島出發，行駛在陰暗的道路上，「這種深山真的會有店面嗎？」正感到忐忑不安時，店面突然出現在眼前的效果十足。近年來道路整頓後更加方便，但是山裡面豪華的店舖突然現於眼前的驚奇效果，至今仍然沒有改變。

一進到店舖區域內，立刻被慶典氣氛包圍，有高掛著的燈籠、可以抽籤的神社（也可以在這裡舉辦婚禮）、廟會般的紀念品攤位，還有鯉魚悠遊其間的池子和瀑布，甚至也有和太鼓。最值得注意的是，隨著季節或活動的不同，主題也會跟著更換。三月是大型的女兒節人偶擺飾，五月則是為數眾多的鯉魚旗，七月是艷麗無比的七夕裝飾等等。夜間的燈景更添羅曼蒂克氣氛……要說氣勢，確實也相當磅礴。

料理則充滿豪氣野趣。絕對少不了的兩大主菜是「山賊燒」及「山賊飯糰」。山賊燒是醬油燒烤的雞腿，山賊飯糰則是加入鮭魚、梅子、昆布等餡料，尺寸相當於小孩子的臉一般的巨大飯糰（這也是現在廣島的便利商店或超市賣的山賊飯糰元祖）。在露天座位上豪邁地大口咬著飯糰，心情也完全跟山賊沒兩樣!?

因此，對於廣島的年輕人來說，只要拿到駕照，這裡是必定到訪的場所（就算居住在廣島縣東部也照樣勇往直前）。除了學生消磨時間，也是在夜晚來得早的廣島，選擇去流川（潛規則十八）之外的夜間活動行程。或者是為男女一成不變的約會添加一點情趣，「要不要去山賊？」成了不約而同的習慣。對於放浪形骸的男性而言，更是一個能夠將在八丁堀搭訕的女性帶去約會的重要地點（過去暴走族也曾在廣島相當有勢力？）

事實上這間山賊原本就是出身於廣島市居酒屋的店鋪，可能基於這個原因，再加上主題遊樂園很少的地方特色，因此對於昔日沒有代表性慶典的廣島，山賊成為一處令廣島人覺得興奮刺激又珍貴的遊樂場所。要是有人邀你去，絕對不要問「吃個飯幹嘛特地跑到荒郊野外」的笨問題，應該欣然前往。

兩個女生正在廣島旅行！
ㄉメㄉメ〃
妳們來旅行嗎？
要不要跟我們一起去個超棒的地方？
長得好帥！
真的可以嗎？
憂心
⋯會不會有點危險？
一路往前開
會不會⋯只能踢他們小雞雞逃走了？
好害怕
到了！
隆重登場！
咦？不會吧！
我沒說錯吧？是不是很棒啊？
來廣島，山賊還是最棒的！
哈
哈哈

潛規則5

去東京時搭新幹線或搭飛機，兩派涇渭分明

「這裡真的是廣島!?」沒有做任何功課，第一次到廣島的人抵達機場時或許會很訝異。一說到廣島，或許先浮上腦海的是瀨戶內海風平浪靜的印象，實際上廣島縣約有七成都是山。因此機場四周放眼望去全是山、山、山。而且說到冬天的嚴寒更是讓人受不了了。為此廣島人（尤其廣島市民）對於機場難免抱著多少遺憾的情緒。

之所以覺得遺憾……是因為過去從市區開車十五～二十分左右，就可以抵達位於觀音新町的機場。由於噪音及規模擴張等問題（加上政治因素），才會於一九九三年移到現在的三原市。從羽田飛到廣島所需時間大約一個半小時，但是機場到廣島市區的公車約需四十分鐘，再加上等待所需的時間，和搭新幹線相比，從東京到廣島站四個鐘頭，幾乎沒什麼差別。

另外一個難關是停飛和抵達機場前的塞車風險。由於機場位於標高三百三十一公尺高的山間，因為大霧等因素，據說一年大約有七十五次班機停飛（！）。現在因為配備高度儀器降落系統，所以停飛班機幾近於零。不過，廣島人因為過去遭遇過天候惡劣或是路上塞車等慘痛的經驗，所以戒慎恐懼地改搭JR後，很難再回頭搭飛機。

此外，搭新幹線派的主張「新幹線上可以使用電腦，工作起來也方便」，但實際上從廣島到大阪幾乎都是隧道，通訊狀況相當差。有利就有弊就是指這麼回事……搭飛機派和搭新幹線派的比率大約各佔一半。廉航可能不會飛原本的「廣島西機場[5]」亦是影響因素!?

潛規則6

公司一定有一部馬自達汽車

Hiroshima Rules

廣島人買車一定會挑馬自達——雖然這只是都市傳說，但馬自達在廣島人心中的地位真的很重要。根據統計廣島縣的新車登錄數量（「廣島經濟報告」二〇一二年一月），雖然居冠的是佔了四成的豐田，但馬自達也佔百分之十二左右，和日產汽車競逐第二名。

尤其是廣島的公司，備有一輛馬自達汽車簡直就是不成文的規定（以前馬自達曾製造計程車款Custom cab，讓計程車公司可以廣為利用），表現出「站在企業的立場，現在，就是對地方貢獻的時候！」的鄉土愛。進出和馬自達相關的公司時，也最好開馬自達！這是廣島經濟界的「常識」。

馬自達在宇品及山口縣的防府市都設置了工廠。總公司周圍的府中町及海田町附近也聚集了零件相關製造業，縣內投入製造業的人當中，兩成以上和汽車有關，追溯生意對象或熟人的話，通常也少不了「馬自達派系」!?除了左右廣島的經濟，二〇〇八年雷曼兄弟連動債券風波後業績惡化時，也發生了以縣為中心，大量購入馬自達運動。由此可知，在廣島最好不要輕易地開口說馬自達壞話。

不過，受到新興國的經濟抬頭等影響，汽車產業的變化十分劇烈，世界唯一量產的轉子引擎」(rotary engine)車「RX-8」生產宣告結束，馬自達粉絲及車迷紛紛大表惋惜。目前由馬自達獨自開發的最佳油耗優化技術「創馳藍天技術(SKYACTIV Technology)」廣獲好評，從二〇一三年開始，針對「利曼二十四小時耐力賽」提供該引擎，希望過去在這項耐力賽榮獲綜合優勝的夢想能夠再次重現……。這或許能讓馬自達從赤字的財務狀況中復活!?

另外，馬自達身為廣島的代表企業，也有它的歷史淵源。

廣島市有陸軍基地，相鄰的吳市則有海軍基地，第一次中日戰爭以後，集結了輕工業及重工業的製造據點，擁有身為軍事都市的光榮歷史。馬自達的實質創辦人松田重次郎原本在吳市和佐世保市的海軍工廠從事造船技術工作，製造販售由他發明的「松田式泵」，於大正十年（一九二一）就任東洋軟木工業（現在的馬自達）社長。昭和六年（一九三一）製造三輪卡車而擴展了市場，同時從陸軍承包了步槍的生產工作，成功擴大了東洋工業的公司規模。另外，三菱重工業、造船、鋼鐵、機械工業等設施在廣島佔了多數，也是因為這段歷史淵源。更是廣島被稱為「製造之町」始祖的緣故。

另外，重次郎的長男松田恆次則是廣島鯉魚職業棒球隊初代社長，搖旗吶喊興建舊市民球場建設的人。雖然現在馬自達並非球隊的母公司，對於喜愛鯉魚隊的廣島人而言，馬自達的地位依然不能小覷。不過，廣島人一方面熱愛在地企業，另一方面又喜歡追隨主流，如果選購家庭用車的話還是豐田優先！這也是一種廣島現象……!?

Hiroshima Rules

交通篇

購物篇

食物篇

街道篇

詞彙．人際關係篇

生活百匯篇

潛規則7

去本通的次數銳減

「以前全家一起去SOGO，或是到ANDERSEN[6]用餐～」、「要是在本通約會散步，被熟人目擊的話一定會被整」——這些廣島人的假日共同回憶正在慢慢改變中。由於時代變遷，人潮集散地也會隨之改變。今日的廣島，正隨著這個變化發展出群雄割據的狀態。

戰場上的玩家，是稱雄中國、四國的紙屋町、八丁堀、本通區域所構成的「老舖軍團」，領軍對抗郊外大型商場的「外來勢力」，以及今後開發備受矚目的廣島站前「新勢力」。

首先是老舖軍團的現狀，至今仍是中國、四國首屈一指的繁華重鎮。廣島人說「去市區」(參考潛規則二十)，或是「上街」，指的就是這裡。順帶一提，本通從江戶時期就有貫穿廣島城下的山陽道(西國街道)的興盛歷史。

不過，某個年齡層以上的廣島人都會一致表示：「本通的專賣店少了很多」。以書店來說，持續一一〇年以上的廣島積善館、大正十五年(一九二六)創業的金正堂歇業(兩家店舖都在實體店鋪結束後，持續提供直銷服務)，廣島時尚象徵的西點餐廳「眾望」消失，因此感到寂寥的廣島人也不在少數；幸好仍有持續奮戰不懈的老店，如本通第一老店赤松藥局(創業約四百年！)，以及明治三十一年(一八九八)開始販賣保險櫃的熊平等……。

另外，在八丁堀比鄰而立的三家百貨公司，天滿屋廣島八丁堀店於二〇一二年停業。在廣島以最早百貨店之姿誕生的福屋(擁有戰後以立吞屋重振的一段歷史)，雖然最佳禮品選擇的品牌形象仍然深植人心，但已逐漸流失年輕的客群……。即使因為緊臨客運中心的便利而帶來許多顧客，但受到舊市民球場關閉的影響，使得人潮大不如前。

那麼年輕一輩的廣島人究竟去哪裡呢？答案是本通路口的PARCO最來勢洶洶。除了新館、本館，舊廣島寶塚會館以嶄新經營型態出現的「ZERO GATE[7]」也宣告加入戰場。與其互相抗衡的地方勢力是在PARCO附近設立店鋪的「PARIGOT」的「ACCES」，這是發祥於廣島的企業，二〇一一年底進駐東京有樂町的LUMINE。另外，開設許多專賣店的並木通，以及隱身於巷弄的餐飲店、二手服飾店等逐漸增加的袋町（裏袋）、中町一帶，彷彿脫胎於裏原宿[8]的年輕人正在增加當中。和鬧區稍有距離，充滿非主流文化色彩的橫川也逐漸登上有如東京下北澤的地位。購物人潮有一點一點地分散的趨勢。

承繼山邊的發展，宇品等沿海一帶也增加很多高樓大廈及購物商場，但另一方面市中心也增加不少公寓大樓，由其以中高年齡階層為主的族群開始朝都市回流。之後人們將基於年齡因素或口袋深淺，來決定居住在都市中心或依山傍海的郊區。當郊區購物商場蓋了影城的同時，市區的福屋八丁堀總店也奮鬥不懈，設置了講究「廣島風」、座位舒適的電影院「八丁座」（同系列「Salon Cinema2」附了馬自達製的可調整座椅），各自極盡所能吸引人潮進駐。是的，城市中同時交織著熱愛鄉土及喜好新事物的特質……這正是廣島真實的面貌。

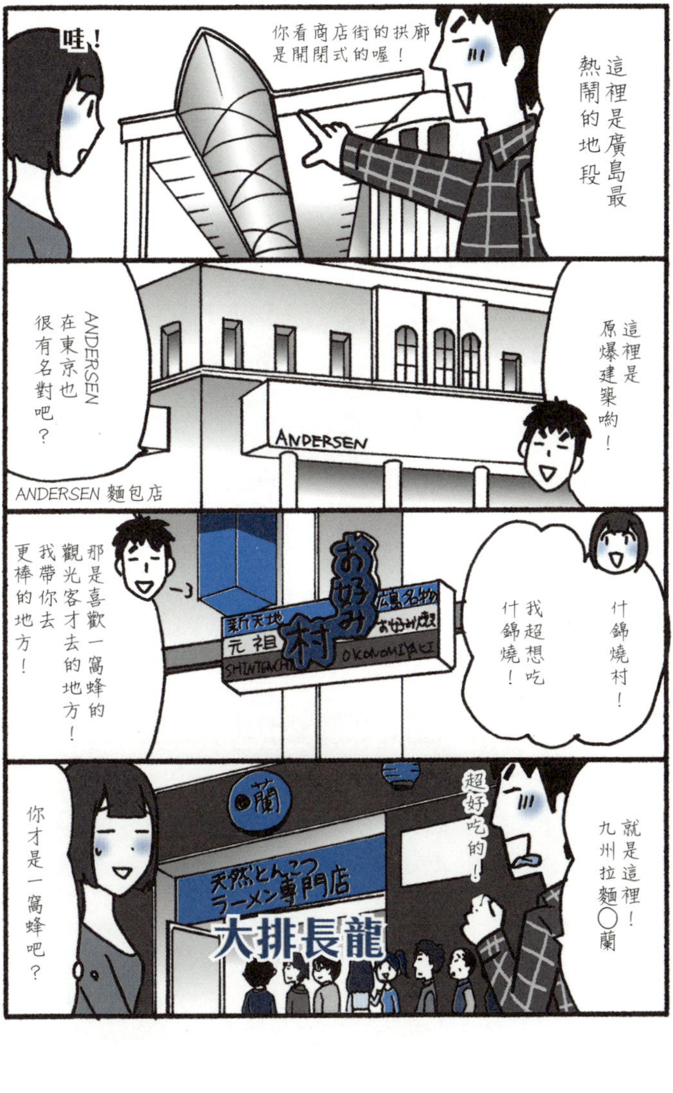

這裡是廣島最熱鬧的地段
你看商店街的拱廊是開閉式的喔！
哇！
這裡是原爆建築喲！
ANDERSEN在東京也很有名對吧？
ANDERSEN
ANDERSEN 麵包店
什錦燒村！
我超想吃什錦燒！
那是喜歡一窩蜂的觀光客才去的地方！我帶你去更棒的地方！
お好み村
新天地
元祖
広島名物
SHINTENCHI
OKONOMIYAKI
就是這裡！九州拉麵◯蘭
超好吃的！
你才是一窩蜂吧？
天然とんこつラーメン専門店
大排長龍

潛規則8

週末全家一起出門就是去 Youme Town、Fuji GRAND、AEON MALL

接著舉例說明前一項潛規則提到的「外來勢力」，代表選手就是遍及全日本的「AEON MALL」。另外，當地IZUMI超市開展的「Youme Town」（在九州也正逐漸擴大勢力）、發祥於愛媛的「Fuji GRAND」，以及有天滿屋進駐的「alpark」，也各據一片山頭。

這些商場的客群目標一目瞭然——帶著小孩的夫妻，以及住在郊外新興區域、時常以車代步的家庭。開車就可以輕鬆地前往商場，停車費很便宜（市中心停車費所費不貲），同時也開了影城。不但取代遊樂園的地位（潛規則四十二），更是時尚購物的好所在。

然而廣島站前也有一股「新勢力」正捲土重來，後勢持續看漲。首先從佛舍利塔往下看新幹線出口（北口）一帶，原來看起來有些寂寥，但自從往返AEON MALL的巴士設立以後，帶來許多旅行者以外的人潮。此外還有摩天大樓增加、二〇一一年喜來登酒店開幕、「馬自達Zoom-Zoom廣島球場」（常簡稱為馬自達球場）附近，飯店、公寓大樓及好市多、運動俱樂部等預定進駐「廣島棒球場造鎮計劃（Ball Park Town）[9]」，加上今後廣島站的「車站內商場開發」持續進行，北口及南口的交通也加以改善的話，相信車站前的風景也將煥然一新。

名古屋站及札幌站，都由於車站大樓及站前開發，分別使得前往錦通和大通的人潮改變（但京都車站並未被四条搶走當地居民的人潮……），廣島站前以自己的步調緩慢發展，或許總有一天可以改變廣島的街景。

潛規則9

比起YAMADA和倍適得，DEODEO（EDION）才是首選

Hiroshima Rules

在新舊交織、攻防戰頻繁持續的廣島零售業中，有些商家始終受到當地人的愛戴。例如當地自豪的「DEODEO」(EDION集團)，原本是第一產業(公司名後來改為DAIICHI)的「DAIICHI」。因此，現在仍有廣島人會說：「DEODEO？啊，你是說DAIICHI吧？」(二〇一二年秋天，店名由DEODEO統一改成EDION。真複雜……)。

話說，這家公司受到當地人如此根深蒂固的愛戴，最重要的因素不是價格而是信賴感。廣告也強調迅速配送及到府維修，只要持有EDION會員卡，就能享有五年或十年的長期維修服務保證。店員具備的家電知識也常獲得「非常用功」的評價。二〇一二年剛進入夏天時，總店(在紙屋町)西側的新店舖也開幕，SOGO前一帶儼然成為「DEODEO小鎮」，好似廣島的秋葉原，一到假日便湧入大量看起來像是御宅族的人潮。

車站前雖然也有倍適得電器開設的「B・B廣島店」，但一再重新裝潢的DEODEO仍屹立不搖。今後和利用原本天滿屋廣島八丁堀店位址而開張的YAMADA電器的「LABI」之間，將會如何消長呢？看看其他區域家電業界的狀況，大阪由於「BIC CAMERA」、「Yodobashi Camera」進駐，會員點數制度因而大為興盛，當地傳統的殺價絕技瀕臨衰退危機。一方面難以違背守護傳統的精神，一方面又喜愛新事物的京都，也因為這兩家店舖的誕生，讓原本有如秋葉原存在般的寺町顧客群流失。廣島的DEODEO能夠維持現況逃過一劫嗎？

潛規則10

無法拒絕「日本第一」、「創始店」、「西日本最大規模」的誘惑

Hiroshima Rules

一九八四年六月的某一天，袋町的後巷，從一大早就大排長龍。

如果聽到他們排隊的目的是等待新店鋪「Unique Clothing Warehouse[10]」開幕，外縣市的人就會恍然大悟吧？這是現在仍居服飾業常勝軍的「UNIQLO」一號店。在開幕前就四處廣發宣傳單，讓喜愛新事物的廣島人蜂擁而來。

不過，剛開始多被評價為「衣服看起來全是廉價、俗氣的店鋪」。後來當原宿店開幕，刷毛服飾蔚為風潮時，才發現「什麼？原來是那一家店嗎？」但為時晚矣。「要是那時候去那裡打工，得到柳井社長賞識，說不定現在就是在國際間活躍的超級店長了！」不知道會不會有像這樣咬牙切齒，悔不當初(?)的廣島人……

是的，「日本首次」不勝枚舉的廣島，就像UNIQLO此例，容易被選為設立一號店的地方。而且，廣島的人潮聚集力也令人十分驚嘆。二〇一〇年府中町AEON MALL裡的Mister Donut和摩斯漢堡共同合作的「MOSDO!」一號店開幕時，必須排隊兩個小時才能買到！只不過買個甜甜圈，竟然和排隊等待熱門遊樂設施的時間不相上下……。

對於在某些地方表現悠哉，也帶著開朗樂天性格的廣島人而言，首次看到的事物就像超酷的遊樂設施。

話說回來，廣島人也內建了「三分鐘熱度」的基因，所以可能產生生意很難長期經營的當地特色。

有句話送給想在廣島帶起新商機的人：如果能在廣島將生意做得長長久久，就能在日本成功……的樣子。

Hiroshima Rules

交通篇

購物篇

食物篇

街道篇

詞彙．人際關係篇

生活百匯篇

潛規則11

絕不接受「廣島風」，更不能接受「廣島燒」

「高中時常吃雙層什錦燒（豬肉和麵條雙份，加蛋。麵條三份的情況稱為三層燒），還有，一定要加炸花枝片！」

「我家附近有一家沒有招牌、只有老奶奶一個人經營的店超好吃！她總是彎著腰，彷彿貼著鐵板在煎什錦燒一樣，真令人懷念～」

平時不會坦率自贊自誇故鄉的廣島人，一旦提到什錦燒[11]卻會異口同聲地叫好。不管光顧的次數是否頻繁，廣島人都會根據個人的口味偏好，在住家或公司附近開發、尋找自己喜歡的什錦燒店家，同時也為了能夠招待外縣市的人而作好準備，所以有個兩、三家口袋名單是理所當然的。難怪廣島的什錦燒店舖密集度是日本第一（平均每萬人就有六點二家，約為日本全國平均數的五倍）！已經達到「只要走在廣島街上一定會看到什錦燒店」的程度。

接下來希望各位記住，和廣島人吃什錦燒時要注意的幾項原則。

第一是名稱，請避免「廣島風什錦燒」的說法。廣島人無法理解憑什麼關西風（在廣島也稱為「雜燒[11]」）能稱為「什錦燒」，自家的卻要冠上「廣島風」三個字，對此廣島人稍有微詞。然而更禁忌的稱呼則是「廣島燒」，再怎麼敦厚的廣島人，一聽到對方說廣島燒，可能就不只是「稍微」、而會是「非常」惱火！另外，什錦燒和摩登燒也不一樣。完全不一樣！（怒）

另外，到什錦燒店時，就算是大熱天也要坐在吧台。換句話說鐵板前才是特等座位！

用小鐵鏟把鐵板上剛煎好、熱呼呼的什錦燒切成一口大小，邊吹邊吃才道地（一開始就像吃披薩先全部切片再享用的是外行人）。當然，也可以由店家盛到盤子上，再以筷子取用，但想要討好純正廣島人的話，請把它當作一項高階技術來練習。

另外，廣島人對於什錦燒講究的部分因人而異，好比說「烏龍麵比油麵好」、「麵條應該先燙過再煎」、「麵條要煎得焦脆才好吃」、「不，麵條要帶點濕潤感才好吃」、「不要麵條只加肉片和蛋才是內行」、「高麗菜應該要煎到水分恰好蒸發的程度」、「豆芽菜當然要挑細的（黑吉豆品種）才行」、「蔥要用觀音蔥[12]」、「不要淋太多醬汁才能吃出高麗菜的甘甜」、「美奶滋根本邪門歪道！」……等等。不過，寬容開放的廣島人，偶爾也會吃關西風的什錦燒。

廣島市內提供關西風什錦燒的大型連鎖店「德川」就是其中一個代表，每到年終尾牙季節，搭配保齡球大賽的宴會套餐組就成了非常受歡迎的組合，這時候連廣島人也使用鐵板煎關西風（或廣島風）什錦燒來食用。

對了，和關西不同，廣島人對什錦燒分為在家自己煎，和只在外面吃的兩派（堅持後者的理由可能是因為鐵板的溫度控制不當，會導致高麗菜出水變得濕軟）。而且，由於區域不同，風格也有差異。個性豪邁的廣島人雖然不像大阪人對細節斤斤計較，但是內心深處對什錦燒可是潛藏著如鐵板一般火熱的愛!?

不要叫它
廣島燒喔！

廣島 什錦燒圖鑑

〈府中燒〉

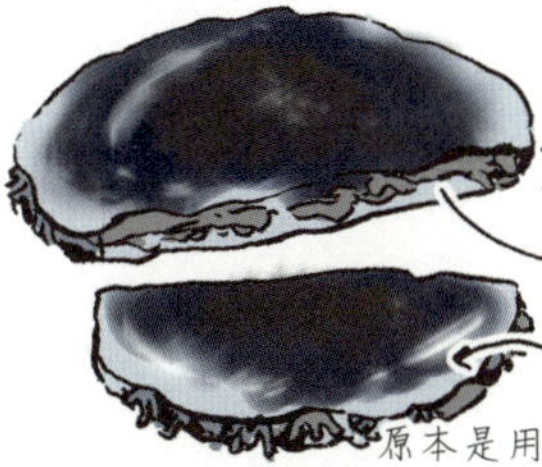

2010 年廣島鐵板大賽第一代冠軍！

厚度 3.4 公分

不是五花肉薄片，而是「絞肉」

煎的時候壓得十密實，所以外皮酥脆！

原本是用來當作小孩子的點心，所以分量較無負擔

〈庄原燒〉

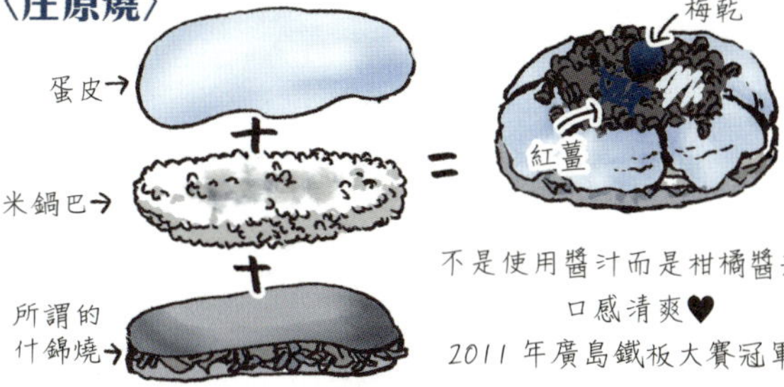
蛋皮→
米鍋巴→
所謂的
什錦燒→
梅乾
紅薑

不是使用醬汁而是柑橘醬油！

口感清爽♥

2011 年廣島鐵板大賽冠軍！

～其他還有～

與其說喜歡什錦燒，
不如說是對故鄉的偏袒……？

〈鬆軟的納豆燒〉

※ 熊野町

裡面有納豆 !!

〈竹原燒〉

酒粕或日本酒
揉進麵衣中製成

帶有少許酒香

潛規則12

醬汁消費量日本第一！

說完廣島人熱愛什錦燒之後，還有一個不得不提的重點——醬汁。

事實上廣島的家庭（兩人以上）醬汁購買量是日本第一！提到廣島人的家庭，談論的話題一定包括「其他東西都可以少，但絕對少不了醬汁」。

日本各地不是都有醬汁嗎？不，不管從哪方面來說，廣島都是日本第一。廣島對醬汁可是有嚴格的定義與規範。首先，在廣島說到醬汁，基本上就是指什錦燒醬汁，要是不小心錯選了伍斯特醬，可能會直接被放入冰箱裡「直到地老天荒」。所以請別隨便質問廣島人「什錦燒的醬汁和中濃醬相同嗎」。其次是品牌。獲得廣島人壓倒性支持，且令他們自豪銷售全日本的品牌，絕非「大多福醬汁」莫屬，在超市賣場都是堆積如山地陳列在最醒目的位置。但是有一派人認為「大多福醬汁太甜」，所以去什錦燒店，也會發現有廣島人偏好使用微辣的「Carp醬汁[14]」（三次市毛利釀造）、或是三輪牌醬汁[15]（SUNFOODS製造，在什錦燒村[16]使用）。

這種什錦燒醬汁的出現，據說是因應戰後時代，有一些店主表示「希望有容易淋在什錦燒上的黏稠醬汁」的想法，後來更促使開發出大多福醬汁。

廣島由於有許多因戰爭失去一家之主的寡婦，在戰後自己經營什錦燒店，所以廣島市內「○○chan」的店家很多，除了以老闆娘的名字為名，也有醬汁的意義，更是支援復甦的象徵。絕對不能以為「不過是醬汁」而小看了！

潛規則13

「ちから」是不折不扣的靈魂食物！

Hiroshima Rules

和什錦燒並列為廣島特色美食的還有「烏龍麵」。

不過廣島市民喜愛的不是鄰縣知名的讚岐[17]系列，而是昭和十年（一九三五年）在廣島本通創立的「ちから(CHIKARA)」。其分店幾乎全部集中在市內，估計有三十七家店鋪，是廣島烏龍麵界之雄。

它的魅力在哪裡呢？據喜愛的粉絲表示，那是一種「時常莫名想吃的味道」，而且絕對是「和讚岐烏龍截然不同的食物」。廣島烏龍麵的麵條較軟，湯頭是北海道產昆布和柴魚乾削片熬成，再加上淡醬油的清爽口味。看起來好像有點隨性，不必太講究就能夠輕鬆自在進食，但其實還是有一定的正統作法或追求？就某個意義而言，這也是非常具有廣島風格的表現。至於價格方面，涼拌烏龍麵及蕎麥麵大約為三百五十圓（小碗的兩百三十圓），食量較小的女性可以點小碗，搭配飯糰或稻荷壽司食用，非常划算。

另外，能夠挑動甜食愛好者味蕾的是牡丹餅等和式點心（有些店夏天則提供香草冰淇淋或刨冰）。沒錯，「ちから」的廬山真面目是「烏龍麵及日式點心的店鋪」。因此，吃「ちから」長大的廣島人，堅信「烏龍麵店一定要提供牡丹餅」!?嗯，總之「ちから」對廣島人而言是溫和甘甜、令人難以忘懷的。

另一方面，廣島也有與這種溫和口感完全不同的特色美食。

那就是「沾麵」。但請別將其與關東一帶拉麵店賣的沾麵一概而論，廣島沾麵的沾醬是用辣椒製成紅通通的色澤（辣度當然可以選擇）。據說「新華園」（的冷麵）是創始店，不過對於不敢吃辣的廣島人來說，可是完全敬謝不敏的。此外還有日益盛行的「無湯汁擔擔麵」，如「きさく(kisaku)」、「國松」等店都非常受歡迎，這些店提供的菜單也很適合喜好吃辣者。

就某個意義而言，廣島這些看起來非常極端的特色美食，或許正符合乍看沉穩、但骨子裡熱情如火的縣民個性……或許應該說，只要某個東西開始流行，就會立刻一窩蜂地形成各種風潮!?順帶一提，上述的沾麵，由於當地自豪的創作歌手奧田民生在日本全國廣播節目中介紹而人氣強強滾。這種「因為在日本全國受到肯定而逆向輸入的風潮」也是解讀廣島的關鍵。

另外一件事，二〇一二年春天，「ちから」和博多有名的拉麵店「一風堂」攜手合作，開創「中華蕎麥麵　CHIKARA　府中店」。據說開幕當天雖然下雨，仍有大批排隊的人潮。或許……不光是廣島的拉麵店，外縣市的品牌也很容易打動廣島人的內心。

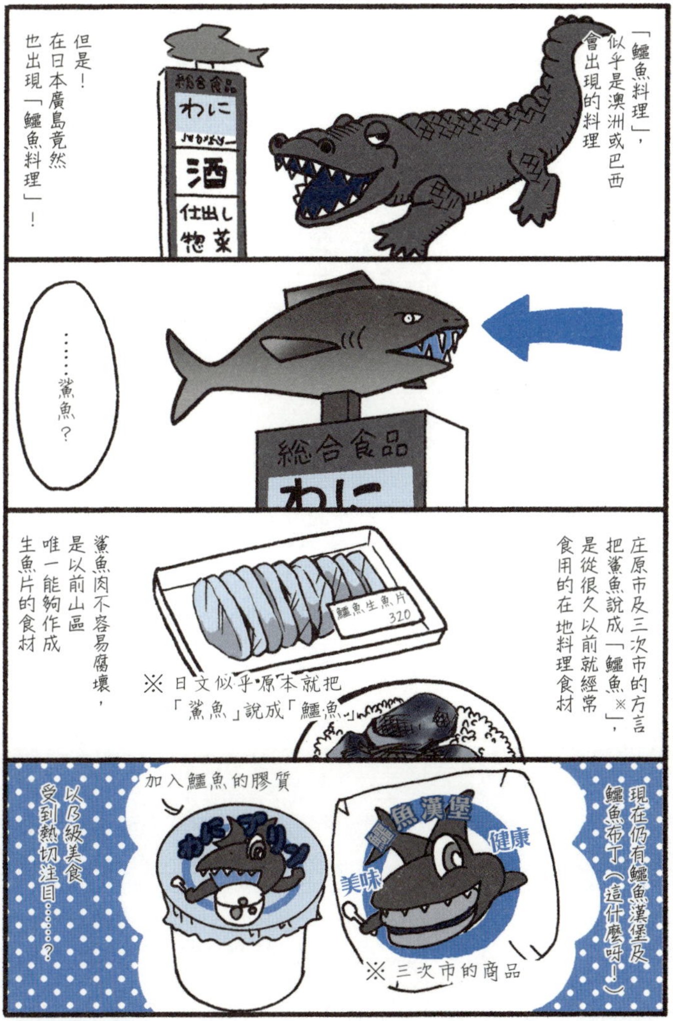
「鱷魚料理」，似乎是澳洲或巴西會出現的料理
総合食品
わに
酒
仕出し
惣菜
但是！在日本廣島竟然也出現「鱷魚料理」！
……鯊魚？
総合食品
わに
庄原市及三次市的方言把鯊魚說成「鱷魚※」，是從很久以前就經常食用的在地料理食材
鱷魚生魚片 320
※日文似乎原本就把「鯊魚」說成「鱷魚」
鯊魚肉不容易腐壞，是以前山區唯一能夠作成生魚片的食材
現在仍有鱷魚漢堡及鱷魚布丁（這什麼呀！）
鱷魚漢堡
健康
美味
※三次市的商品
加入鱷魚的膠質
わにプリン
以B級美食受到熱切注目……？

※ワニ，讀音為wani。

潛規則14

說到「飯糰」就是「武藏」，

請務必——

Hiroshima Rules

一開始想問一個問題。

右頁潛規則所寫「請務必」的下一句是什麼?——若是這麼問，真正的廣島人百分之百會活力十足地大喊「大駕光臨!!」。這是和ちから(CHIKARA)並駕齊驅的在地人氣餐飲店「武藏飯糰」的廣告(TSS有味的禮物)，只要是廣島人一定聽過的廣告詞。

說到這家店的主力商品，無疑是「飯糰」(烏龍麵也很受歡迎)。在廣島站內的店鋪中，許多出差的商務人士會購買這家店的便當，也經常得到許多造訪廣島的藝術家的厚愛。

令廣島人引以為傲的特色美食，還有Chichiyasu優格[18]。事實上，Chichiyasu在日本除了是優格的先驅，早在甲午戰爭的大本營[19]移至廣島時，就負責供給牛奶予明治天皇，後來也於皇室訪問廣島之際提供。(許多廣島人至今仍懷念學校營養午餐中提供的粉粉的優格)。另外，零食業界之雄卡樂比(Calbee)也起源於廣島(以松尾糧食工業株式會社的名稱成立)。該公司的暢銷商品「河童蝦條」，是基於創業者愛好——在廣島川釣到的蝦子製成酥炸煎餅而開發出的零嘴。廣島工廠講究天然蝦及藻鹽的「河童蝦條匠海」也是主打的限定商品。

其他廣島人引以為豪的企業、商品還有很多(參考潛規則三十六)。只要能夠掌握像這樣的歷史背景，應當更能夠更了解廣島人隱藏在內心的驕傲。

潛規則15

其實西點的品質很高

Hiroshima Rules

「說到廣島的點心……應該是楓葉饅頭吧？」

如果對廣島只停留在這個印象的話，要成為廣島人的「麻吉」可以說還早得很。

事實上，廣島是鮮少人知的西點王國。從歷史來看，神戶的知名西點製造商Juchheim創辦人（Karl Juchheim）第一次製作年輪蛋糕的地點，其實正是廣島的似島。Juchheim在第一次世界大戰中成了俘虜而被帶到似島，並於一九一九年廣島縣物產陳列館（現原爆圓頂館）舉行似島集中營俘虜作品展銷會時，賣出了年輪蛋糕。可能是因為軍事都市的歷史背景因素，加上廣島自古以來便是因商業交易而繁盛的地方，所以街上隨處可見西點店舖。

廣島西點的元祖老店是迎接創業九十年的「BOSTON」。曾在美國進修學習的創業者，於一九二三年在廣島開設首家點心工房。而後，使西點文化在廣島根深蒂固的，是在中國區域開設多家店舖的「BACKEN MOZART」、「MARIO DESSERT」（也是讓義大利料理在廣島生根的元祖）。「到BACKEN MOZART才知道什麼是薩赫蛋糕[20]！」是許多廣島人的共同回憶。

另外，在中町僅此一家別無分店、並且堅持只製造奶油蛋糕的「長崎堂」，其創業者在長崎精心研發出美味營養的蜂蜜蛋糕，可以說居於和式點心和西點之間，因為產品保存期限較長且價位合宜，是送禮的好選擇，經常在中午以前就銷售一空（電視節目「日本妙國民[21]」介紹後，人氣再度燃燒！）

另外，近年井口台及在SOGO地下樓層廣設店鋪的「Patisserie-Image」也非常受到歡迎。Patisserie-Image的西點師傅曾經在「世界盃甜點大賽」（法國里昂）獲獎，尤其是馬卡龍深受女性喜愛。SOGO店鋪的「橡」所販賣的鬆餅，也是伴手禮的最佳選擇之一。

好了，回過頭來說說本文一開始提到的廣島代表名產楓葉饅頭，基本上並不是廣島市的點心，而是宮島（廿日市）的點心。源於宮島的老舖旅館老闆娘，委託和式點心師傅製作「適合宮島紅葉谷的點心」（高津堂是元祖）。因此，對於當地的人而言，除了當作伴手禮，也是「去宮島必吃‧新鮮出爐」的日常點心。不過，同樣主打楓葉饅頭的「錦堂」，雖然人氣很高，但其實並不是發源於宮島。如果想以「楓葉饅頭達人」自居的話，一定要精通這些業界歷史。

這種楓葉饅頭，現在還多了巧克力餡、水果餡及起司餡等口味，已經越來越不像和式點心了……廣島人到底有多貪戀新奇的事物啊！

更令人意外的是，廣島女性對於東京最新的甜點也是如數家珍。要送西點名產給講究的廣島人時，千萬不能疏忽大意！

我本來以為廣島有名的點心只有楓葉饅頭，沒想到種類如此多元而且水準很高！
好幸福～
嚼
嚼
我就說吧！
老店有長崎堂的奶油蛋糕，
新店則有Patisserie的馬卡龍
廣島人的話，吃楓葉饅頭要吃剛出爐的才是行家！
我了解有多好吃，不過東子妳吃太多了！
小心妳的體型會變得跟棉花糖一樣！
我要去健身房了！
喔喔喔！
我的臉……這豈不是成了剛出爐的楓葉饅頭？

潛規則16

熱愛麵包！

Hiroshima Rules

之前在同系列《別傻了　這才是京都》中，介紹了「京都＝麵包消費量日本第一」這個令人訝異的事實。雖然以歷史自豪、喜愛高級品的一面很像京都人，但在喜愛麵包的這點，廣島人卻是徹底輸了!?事實上，全日本的麵包消費量，廣島位居第四。從歷史角度來看，廣島吳市的海軍早就在軍隊的三餐中加入麵包。和對西點的重視一樣，廣島是極為講究麵包品質的地方。

廣島麵包界的佼佼者「高木麵包」（Andersen集團）於二戰不久後成立，一方面保有「街頭麵包店」的庶民性格，一方面也有喜歡搶先引進新事物的特質。創辦人高木俊介於一九四八年在廣島市比治山本町開了第一間麵包店，他到歐美國家考察後，為了使丹麥麵包的味道重現於日本而不斷嘗試改進，很快地於一九六二年推出新產品並販售（當時的名稱是丹麥捲，現在也有販售復刻版）。

一九六七年，結合麵包店及餐廳的複合式餐飲店「廣島Andersen」在本通開幕（也是原爆建築）。說到Andersen，東京人在腦海裡優先浮出的印象可能會是青山店，但其實他的本家始祖是在廣島！不僅有麵包，架上也陳列著紅酒或高級熟食、時尚的雜貨等，還有販賣讓巧克力狂熱者喜愛的「Jean-Paul Hevin」（法國頂級巧克力的代名詞）。有別於什錦燒、「CHIKARA」、「武藏」等國民美食，走流行奢華路線的Andersen創造了高檔的廣島飲食文化。

另外，屬於同一集團的Takaki Health Care Foods，針對過敏的人開發、販售不含蛋及乳製品的麵包與蛋糕，以及用舌頭就能輕易切斷的介護食品[22]，如麵包（RAKURAKU麵包）等。不愧是身為製造大國的廣島，技術開發的靈魂至今仍然健在！

在日本首創冷凍麵包的也是同一家公司，一九七二年取得專利，並且毫不藏私地公開技術，讓其他製造商也能在日本各地一起販售冷凍麵包。

現在大家已經熟悉的自助式挑選麵包（以夾子挑選自己想要的麵包），也是該公司的創舉。

是的，現在日本各地都能輕易吃到各個製造商的麵包也要感謝廣島。這正是廣島人對新事物的好奇心，以及果敢勇往海外見習的行動力而帶來的恩賜！……廣島人，並不是單純盲目追求流行而已（大概吧）。

潛規則14提到的「武藏飯糰」，曾經有過這段故事……
晴空塔的工程進展順利，距離開始營運還有……
公司的工作人員
晴空塔啊……從廣島過去好遠，不過真想去一次看看吶～
晴空塔高634公尺，是日本最高的電波塔……
哇，634公尺
634＝武藏[23]!!!
大震驚！
武藏飯糰是不是這樣誕生的無法確定，但確實曾在限定時間販賣「六三四飯糰」
祝 世界一のタワー 六三四おむすび
民生弁当
還有與創作歌手奧田民生攜手合作的「民生便當」等……各類異業合作的便當誕生

潛規則17

說到吳市的零食就是炸蛋糕、波蘿麵包、びっくり饅頭

Hiroshima Rules

吳市，因身為海軍基地而繁華，過去曾以人口多達四十萬而自豪。

這裡集結來自日本各地的優秀人才，也是日本第一座運用尖端科技誕育大和艦的城市。不論是美食或軍事之都，都深受其光榮的歷史背景因素影響。

例如，吳市的烏龍細麵（麵條較細），是為了使在造船廠及製鐵廠工作忙碌的工人，而創生能夠迅速煮好立刻享用的食品。為了避免海軍在長程航海途中一直吃同樣的食物而厭倦，因此誕生了高品質的海軍美食。其中一道馬鈴薯燉肉（當時稱為甘煮），即是與同樣以軍港發跡的舞鶴競爭而意外出現的名產!?

在吳市土生土長的人最愛吃的知名三大點心，為「波蘿麵包」（店名）的波蘿麵包（商品名稱）、福住的炸蛋糕以及和店名「びっくり(Bikkuri)堂」同名的びっくり饅頭。特別值得一提的是波蘿麵包，彷彿象徵吳市人自尊般（!?），有著巨大杏仁狀的外形，填滿白豆沙餡。一般市面上普通的波蘿麵包則是以「コッペパン(KOPPEPAN)」的名稱販售（縣內最老的麵包店、三原市的荻路（オギロ）麵包也使用此稱呼）。除此之外，吳市還有串烤店的活魚，以及雞皮滷味等獨具創意的小吃。

對了，潛規則十五中介紹的奶油蛋糕，也是吳市「合歡」麵包蛋糕店的招牌商品，吳市的人認為其美味程度比起長崎堂毫不遜色……看來這裡號稱東洋第一軍港的驕傲依舊。

潛規則18

了解「STAND」是什麼

Hiroshima Rules

「今天一起去我經常光顧的STAND，好嗎？」

（STAND……？什麼！站著喝的酒館嗎？）當廣島人如此邀約你去喝酒時，可別產生這麼離譜的誤會。廣島人所說的STAND，指的就是小酒吧。在這裡可以和女性隔著吧台邊喝邊聊，或是唱卡拉OK放鬆心情，雖然有時會被毒舌的媽媽桑消遣，卻仍成為大叔的心靈綠洲而大為盛行。

這些小酒吧多集中在流川町與藥研堀區域。這裡可以說是中國、四國地區屈指可數的聲色場所，也像是融合東京新宿、銀座及六本木特色的地帶。可能是風化店的諮詢所相當醒目，所以有些年輕女性「絕對不去中央通對面（的流川）」。南轅北轍的街區屬性卻咫尺相鄰，從中央通幡然一變成為燈紅酒綠的街道，也是廣島都市的一大特色。

接下來說明和廣島人喝酒時，必須記住的幾件事。

那就是廣島＝「三大清酒產地」之一。要是被廣島人問道：「日本三大銘酒產地，除了灘和伏見，還有哪裡？」回答不出來的話就太失禮了。千萬別讓廣島人失落地感嘆「廣島果然很『可惜』呀」。

尤其要記住的主要釀造地點，是包括西条在內的東廣島。在西条十月有清酒祭典，祭典當天JR全車都是喝醉酒的乘客，幾乎已成為每年固定上演的戲碼。不過，這個地方並不是只有釀酒而已。

事實上，日本各地能夠釀造日本清酒，必須歸功於東廣島人才輩出。這個了不起的人，就是曾在今天的東廣島市安藝津町，經營釀酒業的三浦仙三郎。他於明治三十一年（一八九八）完成當時被認為極困難的軟水改良釀造法。同時也將這項改良釀造法製成書面說明，廣泛地公開，並且從安藝津派遣釀酒師傅到各地教導釀酒技巧。現在被認為是釀酒重鎮的東北地區，也得將功勞歸於廣島釀酒師傅將技術公開的無私情懷。

話說回來，不論是三浦，還是公開冷凍麵包專利技術的「ANDERSEN」高木，又或是提供其他球隊好選手的廣島鯉魚隊（這已經不是瀟灑了吧！）……廣島人難道這麼大方嗎!?不，或許就像他們做起生意似乎有些笨拙，但是大多擁有純粹的職人精神；也可以形容他們是時代的先驅，早在資訊業興起前就懂得資訊分享互通有無……

總之，能夠飲用誇耀全世界的日本酒，都多虧了廣島人，啜飲之際還請對廣島心存感謝才好。

釀酒重鎮西条
每年十月
舉辦清酒祭典！
JR 西条站
清酒祭典
許多人為了想要喝酒
而來到這裡
西条中央設置的清酒廣場，
聚集了來自全日本幾百種
銘柄[24]的酒，可以無限暢
飲清喝酒（須付費）。
酒窖也各自舉辦
參觀酒窖等活動，
也可以購買酒
（當然也可以試飲）
清酒祭典
沒多久
整個町都成了
「酒鬼天國」
互不認識的人
乾～杯！
和喝醉酒的人
共享他們身上的酒味
搭電車回家……
ㄅㄨ～～
即使如此，
還是請多見諒（？）
……畢竟廣島也只有
這兩天如此無拘無束！

潛規則19

知道「牡蠣鎚」的意思

Hiroshima Rules

養殖量（帶殼）一年超過十萬噸，在日本佔有率五成，位居第一。

廣島的許多「日本第一」頭銜中，最重要的是養殖牡蠣。

對廣島人而言，牡蠣就和廣島菜（順便一提，和野澤菜、高菜並列為「三大醬菜」）一樣，是告知冬季來臨的季節風物。但為什麼成為日本第一呢？這可以說全拜瀨戶內海之賜。

首先是海的水質。瀨戶內海的水溫較高，富含浮游植物（plankton）可供牡蠣食用，是牡蠣成長的絕佳環境。

第二個因素是因為不會起浪，適於設置養殖浮筏。養殖牡蠣的歷史，最早可以回溯自室町時代末（根據「天文年間在安藝國發明了養殖法」的記載）。大正時代據說有超過一百五十艘販售並供應牡蠣料理的牡蠣船。昭和初期廣島縣水產試驗場開發筏式垂下養殖法，大幅擴大了漁場面積，產量也呈飛躍式的成長。因為經年的累積逐漸名聞全日本，成功地榮登日本第一的寶座。可以說廣島的養殖牡蠣不是靠「地利」之便，而是佔盡「水利」而行。

另外要特別解說一下關於牡蠣專門用詞——廣島剝牡蠣殼後加工的用具稱為「牡蠣鎚[25]」。在廣島不是用刀，而是以鉤狀的用具「撬殼」挖出牡蠣肉，作業的人又稱它為「子鎚（娘鎚）[26]」。

這裡也有參觀或體驗挖牡蠣的地方，看到年幼卻熟練的挖牡蠣專家俐落迅速的作業，驚訝地大喊「好厲害！」或是憧憬（？）地說「我也想成為挖牡蠣專家」，大概是許多廣島人都曾有過的經驗？真不愧是特產牡蠣盛地！順便一提，廣島東洋鯉魚隊的二軍選手，據說以前也曾打工挖過牡蠣（近年來挖牡蠣的人都偏高齡化或沒有後繼者，所以開發了自動挖牡蠣機）。

接下來介紹其他鮮少人知、日本生產量第一的廣島特產吧！

那就是國產檸檬。由於氣候溫暖，廣島的大長柑橘等柑橘類及其他水果栽培都極為繁盛，所以有很多使用果醬（柑橘醬製造商中聞名的AOHATA就在廣島縣竹原市）或水果的點心，只是都因為楓葉饅頭名氣太大而被忽略!?

不過還是有些點心引起小小風潮喔！那就是使用因島名產八朔柑橘的「八朔大福」。由於登上電視節目「星期天好康報你知[27]」，腳本家內館牧子以及侍酒師田崎真都讚不絕口而突然爆紅熱賣，從日本各地紛然沓至飛來的訂單，讓廣島的店家一時供不應求呢。

至於檸檬，在廣島縣拚了老命（？）宣傳的情況下，運用尾道市瀨戶田的檸檬製成的點心（檸檬蛋糕）陸續賣出。然而今後是否也會在全日本點燃檸檬蛋糕熱潮，並且再次逆向輸入（？）成為廣島的暢銷商品呢？讓我們拭目以待！

Hiroshima Rules

交通篇

購物篇

食物篇

街道篇

詞彙．人際關係篇

生活百匯篇

潛規則20

說去市區指的是「舊市區」

在廣島聽到「市區」時，不能以表面字義照單全收，因為它有兩種意義。一是和表面字義相同，說的是政令指定都市的廣島市。另一個指的主要是七〇年代以前的舊市區（中區、東區、西區、南區），不包含被合併的新市區（安佐北區、安佐南區、安藝區、佐伯區）。

事實上，廣島人平時說「去市區」時，多半是指「舊市區」，也就是大約七〇年代以前的廣島市區域。舊市區是聚集了辦公大樓及商業設施的繁華鬧區，也是廣島縣及中國地方的中樞位置。新市區則是後來才劃入廣島市，開發成「通勤者居住的城鎮（承擔居住職能的衛星城）」；原本這裡只是冷清的郊鄉，不過近年已經有不少大型商業設施進駐。

如果從市中心搭乘明日輕軌電車一路往北，抵達與JR可部線連接的大町站附近，悠閒宜人的風景便在眼前展開（與市區景觀截然不同，甚至讓人打趣道「去可部需要辦護照」）。城郊差距極大。

此外海拔高低的落差也很大，明日輕軌電車線上最低的本通站是十一點四公尺，終點的廣域公園前則達到一一七點七公尺，因此也使得各地的冬季氣溫相距極大。廣島縣雖然位在日本緯度相對較低之處，卻也擁有讓許多滑雪愛好者前來朝聖的滑雪場，可以說廣島市內同時擁有北國和南國風情!?順便一提，東廣島市或備後（參考潛規則二十四）的人說起「市區」的時候，通常是指廣義的廣島市，但怎麼和前面所說的不一樣……?在廣島，請將「市區」當作各地的方言，正確地理解它在不同地方所代表的意思吧！

潛規則21

權貴區指的是中區幟町、東區牛田與西區高須、古江

在任何人都適宜居住的廣島，談到有關土地的事情時，廣島人往往會發出抱怨「以非都心來說實在太貴了！」就如本書再三提及的，由於平地稀少，所以想在便利的市區中心居住，自然要付出極為高昂的價格。事實上，看看廣島市住宅區的標準價格（二〇〇九年平均價格），原本最貴的中區，每平方公尺約二十萬五千圓。和埼玉縣最貴的埼玉市浦和區（約二十五萬八千圓）相較之下沒有太大的差異。因此請別隨便以為這裡只是地方都市而小看它的地價。

那麼，其中最昂貴的高級住宅區在哪裡呢？就是位於前面提到的中區——幟町附近，除了有昔日武家宅邸遺跡的「縮景園」等歷史建築，也有許多藝人或公司經營者在此居住。權貴區不能免俗地一定要有正統千金學校、女子學院或伊莉莎白音樂大學，和百貨地下街的「福屋食品館FRED」，還有許多時尚的咖啡廳。

八〇年代，西區的井口台及高須台一帶開發為新興住宅區，近年來增加許多高級住宅的地區則是古江。在古江站附近，有著標榜「廣島首家販賣高品質食材專門超市」的「AVANCE」。同樣在西區，己斐、三瀧一帶也是權貴聚集區（不過，己斐峠在廣島以經常發生靈異事件而聞名）。相對於西區，被稱為「東（區）牛田」的牛田站一帶，是貴權區的老權貴。南區的翠町則有名校廣島大學附屬中學、高中的幽靜住宅區。順帶一提，即使是安藝「郡」，靠近馬自達的府中町或海田町的土地也價值不斐。切記不能光憑行政區域來判斷廣島的土地行情。

潛規則22

很在意舊市民球場原址的未來用途

Hiroshima Rules

對廣島人而言，什麼都可以少，但絕對不能欠缺的基礎建設就是球場。球場能夠讓廣島人積蓄在內心的愛鄉情懷爆發，瘋狂展現廣島的凝聚力，是非常重要的場所，所以想要融入廣島的人必得學會有關球場的基本知識。

首先，廣島人提到「球場」時，必須注意對方指的是新的或是舊的球場，同時還要探聽對方偏愛哪一個。

「新」球場是指廣島站附近的「馬自達球場」，自詡是日本職棒十二支球團中，最大最寬敞、而且內外野都是天然草皮的室外球場！沒有蓋成巨蛋，除了是受到預算限制，也是堅持要建造正宗的棒球場（指美國採用的棒球場規格）而產生的結果。更特別的是在附近行駛的新幹線車內可以看得到球場看台區，簡直是一種讓JR或新幹線乘客也和球場一起同樂的設計。

隨著觀戰、加油形式的不同，座位也有各種設計。有可以和選手擊掌的「野砂席[28]」，或是可以躺著觀看比賽的「臥位席[29]」，以及針對家庭而設計的露台席與針對團體設計的派對區。雖然有人認為座位分散，「加油的凝聚感不夠」，不過以休閒心情享受看球賽的樂趣也很不錯，還可以作為企業招待客戶的場所。

不過，「雖然馬自達球場很棒……」，但對於「舊」市民球場感到懷念的，也大有人在。舊市民球場除了緊鄰客運中心的便捷性，以及可以自由攜帶啤酒入場（其實是禁止的……笑）

等客觀因素，在心理層面的主觀因素影響更大。

這個舊市民球場是第一代球團社長松田恆次表示「要成為一個有夜間照明設備的球場」，因此由地方上的十一家企業「二葉會」全額負擔建設資金而建成，可以說是「市民球隊團結的證據」。對於昔日的球迷而言，亦是（曾經）強大的東洋鯉魚球隊代表，更是戰後復興的象徵。

但是不敵現實狀況，舊球場的設備都已經很老舊，甚至引起對手球隊的抱怨聲浪……。那些大排長龍等待進入比賽會場、把淘汰的座位椅墊拿來練習廣島啦啦隊的招牌加油動作（參考潛規則三十六）等令人懷念的回憶，只能留在球迷心中緬懷。

舊市民球場的最後一天比賽，像是舉行一場肅穆的道別儀式。當時的馬提布朗（Marty Leo Brown）教練（因為不滿壘審判決而丟壘包抗議而遭退場處分的事件極為有名。曾經穿著「I THROW BASES」的T恤在比賽前練習）將右打區的砂子帶走當作記念，也是球迷們津津樂道的軼事。

另外，懸而不決的用地問題究竟何去何從？歷經一波三折，只有決定在二〇一三年舉行的「廣島點心博覽會」作為展場使用。對廣島人而言，反正船到橋頭自然直～？因此，每當在客運中心搭乘巴士時，廣島人不免會帶著複雜的心緒，凝視著舊市民球場[30]……。

說到「紅色」，想到的是日本國旗的「日之丸」？還是韓國足球代表隊的制服？
在廣島的話，不用說……
當然是廣島鯉魚隊！
從車站到球場這段「Carp Road」路上的便利商店LAWSON，原為藍白的招牌主色，
在這裡也採用大紅色。
LAWSON
連購票機Loppi都變成紅色
堆積如山的廣島鯉魚隊周邊商品
酒
好耶！
今天要贏！
沮喪消沉
但是遇到輸球回家時，心情就會變成憂鬱的「藍色」了……

潛規則23

岩國是廣島的麻吉

Hiroshima Rules

接著要談的是雖然不是廣島縣，但對廣島市民卻是緊鄰相依的區域。

那就是山口縣岩國市。以客觀距離來看，從岩國到山口市約有一百公里，但從廣島市僅相隔三十五公里。對岩國市民而言，「想來個小小的採購之旅」，更近、更方便的廣島市本通絕對是最好的選擇。另外，岩國有著廣島人最愛的（?）「山賊」，所以有些廣島人會在造訪山賊後順便去錦帶橋逛逛（岩國市的觀光景點代表）。

雖然他們會自認彼此是麻吉而互相揶揄「廣島縣岩國市」、「岩國是廣島的屬國」，但是希望各位注意一點，山口並不是真的和廣島很親近。

從歷史來看，山口縣曾是德川幕府時代的長州藩，在明治維新時居於主導的地位，並將自認為是中國地方中心的廣島視為敵對一派。從經濟圈來看，山口和九州比較親近（實際上九州企業加盟的「九州經濟聯合會」，確實有山口企業加入，月刊的名稱也叫做《明日九州——山口》）。那麼，東鄰的岡山縣又是如何呢？他們在性格上比較接近關西（敦厚而自我主張強烈，擅長做生意），以棒球來比喻就像阪神虎，所以要讓廣島和岡山彼此攜手合作……哼，連一分的可能性都沒有。因此，和廣島最親近的應該是對岸的愛媛，愛媛的方言（伊予腔）和廣島（安藝腔）也較為接近。這難道是同屬瀨戶內海沿岸的悠閒同伴&柑橘產地兄弟而惺惺相惜!?

沒錯，乍看之下風平浪靜的瀨戶內海周邊，複雜的角力競逐其實正風起雲湧。

潛規則24

能清楚區分安藝及備後

Hiroshima Rules

「唉呀，說是廣島，正確來說應該算是備後jakee……ne～」

如果「出生於廣島」的人不經意地對自己的家鄉如此補充說明，千萬要特別注意。要是沒有體會其中真正的意思，天真爛漫地問對方：「經常搭路面電車嗎？」「你們家鄉的名產是楓葉饅頭吧？」就會暴露出你對廣島的外行，不可不慎。

這塊土地在歷史上曾經分為安藝及備後，是必須先記住的基本常識。安藝國指的是以現在廣島市為中心的西廣島，備後國則是以福山為中心的東廣島。而且，安藝的分界線落在現今的竹原市、東廣島、安藝高田一帶。據說七世紀末的時候，這兩國都已經誕生。

這裡歷經過複雜的歷史演變，戰國時代福島正則取代原本支配安藝區域的毛利家，支配了藝、備兩個地區。但福島正則受到幕府處分沒收領地後再度分裂，安藝由淺野長晟治理，備後則由水野勝成治理，廣島藩及福山藩因而誕生。而後由於明治時期廢藩置縣，廣島藩成了廣島縣，福山藩成了福山縣，但福山縣因為府縣統廢合而廢止併入深津縣，並曾一度改稱為小田縣，卻又因為小田縣廢縣而併入岡山縣。後來再次從岡山縣分出備後的一部分改由廣島縣管轄……。總而言之就是一下子歸這邊，一下子又歸那邊，一波三折到最後誕生了今天的廣島。總歸一句話，這兩個區域長期以來始終是不同國、不同藩或不同的治理者。

因此，「福山與其說在廣島，更應該說是岡山的一部分」的說法看來好像開玩笑，但其實其來有自。不同藩屬造就不同氣質，廣島（安藝）型開朗活潑、自由奔放，但福山則是中規中矩又理性，兩者如同油與水，始終無法完全相融!?

此外，在語言方面也有一些差異（本文一開始寫的「jakee」加上「ne」的口氣，在安藝也被使用，但原本是靠近備後的人所使用的腔調。參考潛規則二十七），不過若是冀望這兩個區域彼此推心置腹、互相了解恐怕十分困難。

將他們一起放入廣島縣來看，不管行政區域怎麼劃分，安藝及備後勢不兩立的界線永遠都會橫亙在彼此之間。

這裡是某家小酒館「SAN-ZOCK」。今晚同樣有很多男人衝著岩國媽媽桑而來
來到媽媽桑的店裡，一天的疲憊就能一掃而空！
嗯，非常謝謝你一直以來的關照，廣島先生～
為了我一個人店開到這麼晚，老公一定會生氣吧？
沒關係啦～我老公一直待在山口，夫妻一直是遠距離，
說真的，廣島先生您總是來店裡，總覺得比我老公更親近呢！
一箭穿心
激動
媽媽桑……不，岩國良子小姐，
要是你願意的話……
想不想成為廣島良子呢!?
唉呀，你喝醉了，真叫我為難呢！
慘了，他竟然當真了……

潛規則25

其實有很多電影聖地

Hiroshima Rules

位於廣島縣東部的竹原市，是一個遺留許多古老街道，又被稱為小京都的靜謐地區。二〇一一年，這裡卻掀起了一陣難得的激烈震盪。

原來是《幸福光暈[31]》動畫迷所帶來的朝聖熱潮。這部動畫原本只是一個單純的故事，描述喜歡拍照的女高中生如何勇於追求夢想，但動畫迷陸續來到故事背景的所在地朝聖，對當地造成不小的騷動。雖然當地人會很疑惑地問那些臉孔陌生的御宅族：「一直聽到你們說『幸福光暈、幸福光暈』，但是根本沒有那種東西啊？」卻也促使他們重新認識自己家鄉的魅力。搭上這股熱潮，誕生了「幸福光暈什錦燒」，廣島人非常自豪的POPLAR便利商店也開始販售相關周邊商品，NHK電視台甚至將其視為地方復甦案例而做了一個專題報導。

沒錯，事實上廣島因為有山有水的自然美景，因而也容易成為電影外景的聖地。

除了「電影小鎮」尾道市（當地人已經對名人見怪不怪了？），因為《無仁義之戰》而知名度升高的吳市也很熱門。宮島則因為是大河劇《平清盛》的相關景點（音戶瀨戶），亦使得人潮大增。另外，也有不少影視劇作以大崎下島為故事背景，例如由伊藤英明主演的《海猿》，以及在御手洗地區取材的《給小桃的信》。還有，翻拍自小津安二郎導演的名作《東京物語》（在尾道拍攝）、由山田洋次執導的《東京家族》，則是在大崎上島拍攝外景。為了一睹妻夫木聰及蒼井優的風采，當地騷動的人潮簡直和祭典一樣。

認真說起來，廣島電影導演還真多。終其一生從事電影工作的已故新藤兼人導演，拍攝尾道三部作[32]的大林宣彥等大師自然不用說，執導《搖擺》的西川美和也是安佐南區出生。此外，原先涉足電視或廣告界而進入電影圈的導演也很多，例如拍攝三得利「奈奈子果汁」等廣告，執導《蜂蜜與四葉草》電影版的高田雅博、《舞妓哈哈哈》的水田伸生、拍攝《夢想起飛GOOD LUCK》等掀起話題的電視劇，執導《現在，很想見你》電影的土井裕泰等，都是出生於廣島。莫非這也是一種地方特產？另外，由於棋聖本因坊秀策的出生地點而聞名的因島，是在《少年Jump週刊》連載大為風行的漫畫《棋靈王》的相關景點。這裡針對從外島來的圍棋迷，安排了「圍棋志工」（免費作為下棋對手）供對局練習。

雖然和其他地區相較，遺存的古老街景並不顯得特別，但廣島市還是有因為拍攝景點巡禮而成為話題的電影。廣島出生的漫畫家田中宏的《BADBOYS搞怪少年》，以活靈活現的廣島腔描寫當地的不良少年，不但漫畫暢銷十一年還改編成電影。拍攝電影時，由於擔心暴走族的印象被定型，所以一直很難取得拍攝許可，這也是很像廣島作風的小插曲。

當然，《夕凪之街櫻之國[33]》、《赤腳阿元[34]》、《黑雨》等以原爆為題材的漫畫、電影也相當多，是想要了解廣島或廣島人必看的教材。

Hiroshima Rules

交通篇

購物篇

食物篇

街道篇

詞彙．人際關係篇

生活百匯篇

潛規則26

不會滿嘴「jakennou～」

「老子只要還有一口氣在，絕對會把odorya一個個像蟲子一樣捏死charudo！[35]」

……一開始就讓各位嚇一跳很抱歉。這是以廣島為舞台背景的《無仁義之戰》中出現的台詞，意思是「只要我能活下去，絕對會把你們一個個都殺光！」

不知是幸還是不幸，這部電影大為賣座的結果，使一般人對廣島腔留下粗暴的不良印象，不，應該說很容易把電影中的黑道印象套用到廣島人身上……真是冤枉。

就算同是廣島腔，也會因為區域不同而有所差異。比方說《無仁義之戰》是廣島和吳市的對抗，所以吳腔較多。其他地區的廣島人則認為，只有沿海城鎮會使用稍嫌粗暴的口吻，或覺得這部片多數的台詞咬字太用力。而本篇一開始所說的台詞，語尾使用「choru」、「charu」是明顯的特色。廣島腔說「shigoushitaru」，吳腔則是「shigoushicharu」（SIGOU＝收拾，一般都是使用在逞凶鬥狠的場面，也用於「把魚SIGOU」＝剖魚的意思）。

另一個重點是：正因為是黑道電影，所以更誇張了廣島腔（吳腔）語氣強度。

例如，被視作廣島腔主要代表的「jakennou」。

在《無仁義之戰》出現了一句很酷（？）的台詞——「與其委託陌生的佛陀，還不如拜託熟悉的惡魔jakennou」，這就像現在京都人已經不說「～dosue」，名古屋人不說「～myaa」是一樣的。想裝作廣島人，在語尾亂加jakennou，只會被當作笑柄，所以要小心。

年輕人也會使用的方言是當作「所以說嘛～」的意思來使用的「jakee」或「hoi jakee」。聽起來就像英文使用「You know～」的發語詞般。「jakee」（分開來變成「ja」、「kee」）也可以接在語尾使用。

另外，徵求對方同意時經常使用「jaro?」來取代「對吧？」，例如：「hoijakee、很像廣島腔jaro?」

廣島人也時常說「buchi」、「bari」來代替「very（非常）」的意思。如果在談話中插入「buchi好吃」，和廣島人的交談一定會更熱烈。請把它當作廣島腔的入門關鍵好好記住吧！

※關西地區也會把剝皮魚說成「hage」喲！

潛規則27

福山是「naanaa～」

Hiroshima Rules

位於廣島，卻又不是廣島(!?)的福山方言，也順便了解一下吧！

其中一個特徵就是會加上「naa」，也被稱為「福山的naanaa腔」。安藝的「jakee」，在福山則成了「jakeenaa」，又或是說「hoykennaa(所以說嘛)」「hoidemonaa(可是呢)」，和岡山腔很類似。但「souyanaa(沒錯)」、「soyakedonaa(話是這麼說啦)」卻又很接近關西腔。

此外，「deeryaa，deeree(＝非常)」、「dekyaa(＝很大)」的說法聽起來則很像名古屋腔。據說是因為江戶時代福山藩城主水野勝成入城時，同行的家臣出生於三河國一帶而影響方言的變化。

事到如今，福山可以說是深受廣島、岡山、關西，甚至名古屋的影響？和這個地區發展至今的歷史同樣混沌複雜。福山象徵性存在(?)的名產點心店家是虎屋本舖，這家店最具特色的名產是「逼真甜點系列」，其中「怎麼看都像是章魚燒的奶油泡芙」還曾經造成不小話題。其精巧逼真的程度，讓電視節目「矛盾大對決」找來已退休的大阪棒球強打者清原和博挑戰「是否能辨識出哪個才是真的章魚燒」。包裝上也寫著「太逼真了！連食倒太郎[36]都會嚇一跳」！

能夠順勢推出這樣的商品，就像喜愛新奇事物的廣島、又像生意頭腦好的岡山、也像是追求幽默的大阪、又或是出現什麼都不奇怪的名古屋美食……

潛規則28

動不動就會說「TAIGI」

Hiroshima Rules

上學、上班的早上，隨著電車的搖晃，說著：「TAIGI～」。
炎熱的夏天一面爬著廣島多不勝數的坡道，一面說：「TAIGI～」。
和麻煩的（?）關西人一起工作而出了狀況，「（內心吶喊）TAIGI～」。
步調悠閒的廣島生活中不可欠缺的廣島方言代表——那就是「TAIGI～」。

這個詞彙是來自古語「大儀（發音同為TAIGI）」，譯成標準語就相當於「麻煩」、「好累」、「複雜」、「煩死了」，感覺上好像都是負面用詞，不過不要照字面理解為如此沉重的意義才是廣島流。把它想成接近於「啊～啊（嘆氣）」程度的心情就可以了。

這句方言最方便的地方，就在於可以像本文一開始舉例的幾種場面中使用，就算沒什麼大不了的原因，朋友之間相互來句「TAIGI～哪～」，莫名地就有種更麻吉的感覺。不過，要是朋友說你是個「TAIGI的傢伙！」可能是嫌你很煩，還是要注意。

另外，許多廣島人誤以為是標準語的方言，如「TAU＝搆到（『我手搆不到，幫我拿[37]』）」、「SUIBARI＝極細的刺」、「AOZI＝瘀血」、「MIYASUI＝容易」等，如果把「MIYASUI」用在「今天的考試，真是MIYASUI～」可能會被誤以為作弊，或成為一句無聊的笑話。另外還有一個有關方言的老笑話，則是意為「不順利」的「EEGANIIKAN」，當對方說：「EEGANIIKANKA？（是不是進行得不順利）」，可別誤以為是對方邀你看電影喔[38]（笑）。

潛規則29

輕微命令形是「～sai」、「～chai－」

Hiroshima Rules

蒙上不白之冤(?)給人壞印象的廣島腔，事實上也有能反映出沉穩的地方人情，帶有柔軟音感的詞彙。

其中的一大代表就是「～sinasai(去做～！)」的輕微命令型「～sai」。

例如，勸酒時說「不要客氣，喝酒sai[39]」或是勸對方多吃點菜時說：「來，儘管吃sai[40]」。

如果是女性，常會以「～chai」來代替「～sai」，實際說出來時，會給人一種很可愛的感覺。比方說為心愛的他做了便當，然後微傾著頭對他說：「人家今天做了便當，吃chai！[41]」效果超棒!? 事實上，廣島女性的方言給人直率又可愛的印象，不論是不是對廣島的男性，都很受用。尤其是住在外縣市的廣島人，愛死了聞名全日本的Perfume不經意說出的廣島腔，簡直就是命中紅心、萌到不行的「方言」。

同樣聽起來很可愛的廣島腔還有「～chatta」，意思並不是標準語的「做完～；糟了，～了」，算是一種敬語，千萬別弄錯了。

因此，廣島人說「老師來chatta」時，並不是「糟了，老師來了」，而是「老師蒞臨了」的意思。要是和廣島人初次見面時，對方說：「你是從東京來chatta嗎?」，並不是對你有所非難，請儘管放心！

潛規則30

以為說的是標準語，卻總是因為重音露出馬腳

Hiroshima Rules

抱著「希望家鄉話能夠傳承到下一代」想法的廣島人超過六成。根據《現代的縣民特質》（NHK出版，一九九六年調查），廣島人希望方言能夠代代相傳下去的想法非常強烈。然而，一方面熱愛家鄉，另一方面卻又深深受到東京魅力吸引，所以他們非常擅長視情況切換使用方言及標準語。在年輕的一代，當某些用詞成為死語的同時，廣島方言也逐漸衰微。

例如，男性提到自己時說「WASHI」，雖然符合粗獷的廣島男性（老婆婆也會使用）給人的印象，但是採用這樣說法的廣島少年似乎慢慢減少（女性使用「uchi」的還相當多）。以前從外縣市轉學來的男生只要用「BOKU」、「ORE」來自稱，就會被吐嘈：「你在講什麼外國話？」把「快沒了（NAKUNARU）」說成「MITERU」（比方說「醬汁MITERU」等）的人也逐漸減少。以前如果說「NAKUNARU（NOUNATTA）」，意思是「被偷了（＝一下子就不見了）」的意思，如果是使用了之後沒了，就說「MITERU」。

但是，一方面有逐漸成了死語的廣島方言，一方面也有絕對不死的部分，那就是重音。讓廣島人來說的話，就是連「捨棄了廣島」的矢澤永吉也「無法改掉重音」。相反的，以廣島為舞台的連續劇，外縣市的藝人說著似是而非的廣島話時，當地人立刻就會看穿。換句話說，外縣市的人想精通重音的門檻非常高！

廣島的重音，有比標準語的重音位置往後移的傾向。

例如叫做「MORITA」、「KUBOTA」的人，標準語的重音是在第一個字母的「MO」和「KU」，不過，廣島腔的重音則是強調第二個音節的「RI」和「BO」。如果是標準語沒有音低起伏的詞彙，例如「RINGO（蘋果）」、「KEETAI（手機）」的重音是在字首的「RI」及「KE」。

如果透過《無仁義之戰》模仿微妙的發音，只會學到黑道口吻的廣島腔，還是不學為妙！推薦的教材（?）是利用YouTube之類，如「以下介紹iPad的說明，仔細聽清楚～」等iPad的廣告。這些廣告是由土生土長的廣島人以廣島腔配音說：「我就說嘛，總覺得那個功能超乎你能了解的能力，真的跟變魔術一樣[42]！」（非廣島人猜猜看是什麼意思吧！），配合蘋果公司員工的英語，利用微妙的停頓及巧妙地重音表現廣島方言，並將情境中的《紐約時報》轉換成《中國新聞》（潛規則三十八），徹底詮釋廣島的特色。

這個廣島腔配音系列，從初代iPad、iPad2的動畫到電視廣告、蘋果筆電MacBook Air等都有，你若是想了解廣島腔，不妨全部看一次！實際上要是能夠說這麼流利的廣島腔，應該會引起一陣爆笑……

※在名古屋也會有一樣的狀況。

潛規則31

凡事一窩蜂&只有三分鐘熱度

Hiroshima Rules

「那家店現在超夯的～」

聽到這句話，不管是大排長龍，還是要等多少時間，不去一次看看就覺得心裡不舒暢。但是，就像遊樂園一間接一間地倒閉般，流行熱潮來得快去得也快……，驗證了之前一再提及的廣島人凡事喜歡嚐鮮的特質。廣島人也經常自我嘲諷「三分鐘熱度」，但因此而認為廣島人「沒有節操！」可就錯了。

看看同樣被批評具有一窩蜂特質的北海道，是一八六九年移民入墾才開啟歷史的新天地，可以說沒有必須固守的傳統儀節，因此能夠孕育出這樣的特質。

相形之下，廣島是因為過去不幸的境遇，以及因為戰亂而經歷過歷史中斷的狀況，當老舖及歷史的傳承者都灰飛煙滅時，該守住傳統的也都喪失殆盡了。此外，為了復興重振，也有不得不捨棄陳年包袱而追求「新事物」的需要吧？

再加上瀨戶內海從古代就透過博多而成為與中國、朝鮮交流的國際交通路線，也有作為軍都廣納國內外人事物的歷史。這塊土地追求外在的、嶄新的事物特質，可說是因環境及必然性而生的DNA。

不過，「本通之丘」的出現，該不會是想趕上東京六本木之丘、表參道之丘這股風潮？這個命名或許有點……得意忘形!?

潛規則32

經常沒有考慮後果就行動

Hiroshima Rules

廣島人的性格有著容易受到外來的、嶄新事物吸引的特質。在廣島的移民歷史中可是將這種特質發揮到淋漓盡致。

廣島在日本是屈指可數的（往外）移民大國，在當地算是常識中的常識。從明治到昭和的一百年間，調派到夏威夷、巴西等海外移民的人極多，位居日本第一名。在日本國內的遷居也相同，從江戶時代就有多數安藝人到關西工作，據說明治以後往北海道開拓的移民中，廣島縣民也是佔最多數（北海道因此而有北廣島市的地名）。

造成外移的背景是因為農地（平地）稀少，以及從事漁業或軍港整備等工作減少，為了掙一口飯吃只能到外地工作的經濟因素。再加上嚴禁殺生的安藝門徒（淨土真宗）人數相當多，經濟再怎麼拮据困頓也不能墮胎的宗教因素也有很大的影響。

仔細一看，光是移居國外的人數就高達九萬人，還真是非比尋常耶。雖說是位於內海，有時仍受到國內外開拓土地而培養出的海洋民族氣質影響，再加上溫暖氣候培育出的樂天思考，以致經常採取「放手一搏！」的手段嗎？

在逆境或客場仍然發揮能量也是廣島人與生俱來的DNA。就如在客場東京神宮球場集結的廣島東洋鯉魚隊球迷，熱烈程度勝過在主場馬自達球場的樣子，不是嗎？

潛規則33

廣島人凝聚力超強

Hiroshima Rules

廣島人發揮大膽的行動力時，還有另一個關鍵字，就是凝聚力。即使平時指著對方鼻子嚷著：「你有夠煩的！」只要遇到「要做~的人一起來」，就會立刻集結，付諸行動。一旦採取團體戰，廣島人強大的凝聚力簡直教人目瞪口呆。

潛規則三十二提到的移民歷史也有提到這一點。廣島人在當地的行動力被賦予極高的評價。儘管是缺乏前瞻的樂天思考，但是凝聚力非常驚人吧！因此在日本國內外各地形成的不是中國城，而是廣島城或小廣島。例如在美國的華盛頓、西雅圖、加州等，都誕生了廣島縣同鄉會。現在仍有許多人在自己居住的地區召開廣島人聚會。

就算只看日本，東京的廣島縣同鄉會就有超過三千一百人的會員，佔日本全國第七名。考慮到人口比例確實規模不小，每年一次的總會參加人數超過三分之一。

另外，廣島出身的運動選手、教練人才輩出，尤其以棒球及足球為首，排球(廣島男子排隊隊「JT Thunders」)、手球(湧永製藥的LEOLIC及廣島Maple Reds女子手球)等歷史性的運動團隊都很強！啦啦隊也是，棒球啦啦隊創新風格的始祖廣島東洋鯉魚隊，先不管勝敗(?)，也是其他球隊無法小覷的存在。

這就是日本引以為傲的團隊精神最佳典範!?又或是作為一個軍都，也是因重工業及汽車工業等「製造器物城市」而繁盛的歷史所呈現的性格。戰後重建復興，迅速建設一百公尺寬的道路（平和大通），集結民間資金在五個月內建造舊市民球場，居於逆境或客場卻能發揮攜手合作強勁力量，就這個意義來看，具有極為典型的日本人精神。

然而，太過重視凝聚力的結果，就如從過去在縣北就有「樽蛇」（樽（木桶）裡放入兩條蛇時，當其中一條想要爬出樽外，就會被另一條蛇捲住而掉下來，比喻互相扯後腿）一詞的出現般，似乎也有不良影響的一面。由於小廣島城的形成，或許也有個人過於突出以致發生衝突的風險。

這塊土地上能夠保有如此溫和的風土人情，可能是除了保守的一面作為後盾，一方面看看演藝圈人才輩出的狀況，那或許是保守勢力的反動，激發出廣島人奔放自由的靈魂。

無論如何，說到廣島由來，其中有一則「三矢之訓」。這也是「廣島三箭」的語源。戰國武將毛利元曾對三個兒子說：「一支箭能夠輕易折斷，但若是三支箭就不容易折斷」來訓誡兒子應該團結一心。這個故事是否為史實還無法判定，不過或許毛利家的家訓仍存在廣島人的DNA中。

要是廣島縣能夠因此更加團結一致就好了……不是嗎？

Hiroshima Rules

交通篇

購物篇

食物篇

街道篇

詞彙．人際關係篇

生活百匯篇

潛規則34

每年一到棒球開幕季就認為「今年絕對會進入A級隊伍[42]」

說到歷史，對廣島人而言，有兩個重要的日子。

其中一個無疑是一九四五年八月六日。也就是美軍在廣島投下原子彈，改變廣島歷史的那一天。另外一個日子則是一九七五年十月十五日……如果會納悶：「咦？這是什麼日子？」的人，可以說已失去身為廣島人的資格！

一九七五年十月十五日是廣島鯉魚隊於球隊設立後第二十六年，日本職棒中央聯盟首次取得冠軍的日子，記得當時情況的廣島人，就會記得當時「外木場義郎是先發」、「水谷實雄最後接到決勝負的關鍵一球」，以及當時擔任打擊的山本浩二流下男兒淚所說的一句話，經過幾十年仍然深刻烙印在廣島人心裡。

這些過去的球迷遇到新生代，一問對方的出生年代，幾乎都不約而同地感嘆：「唉！因為你還沒出生～」。當時還是小孩的廣島人，也都有「中斷課程，在視聽室觀看球賽」的共同記憶。如果發生在現代可能會引發爭議。

反正廣島對於東洋鯉魚隊的狂熱就是到這麼不可理喻的程度，不論球場或街道都一片紅通通（據說選手們則是臉色發青地表示：「要是沒拿到冠軍，只好連夜潛逃了」……）。

當然，不論哪個地方的球迷對於當地球隊都很狂熱。例如北海道的日本火腿鬥士、大阪的阪神虎、福岡的軟銀鷹等，但是廣島人卻說：「我們和阪神虎迷不同！」他們認為自己和其他地方的球迷天生體質就不同，因為球隊是在原子彈爆炸的四年後組成，由於缺乏營運資金，所以是在市民自發性捐款（樽募金）支持下組成的純粹市民球隊（經營者雖然是松田家族，但並未提供資金）。

和選手之間的距離較近也是一大特徵。「財神祭典時遇到衣笠祥雄」、「在SOGO看到古葉教練，我一說：『你不是古葉嗎？』他就跟我握手了！」、「鄰居的二樓住著鯉魚隊的二軍選手」等等，只要是廣島人至少都曾有過和鯉魚隊擦身而過的經驗。簡直就像長年累月生活在一起的夫妻!?有著切也切不斷的緣分。或是該說就某個意義而言，不論選手或球迷都是熱愛鄉土的命運共同體。

因此，一到每年球賽季節前，樂天派的廣島人，都會抱著過度純粹及樂觀的期待，「今年一定會贏……」。

當然，比賽一輸，嚴厲批評也是球迷愛之深責之切的心理使然，不過，只限自家人（鯉魚隊球迷）批評自家人（鯉魚隊選手），不太知情的門外漢最好不要不懂裝懂。要是連續幾場都慘敗，就不會去看球賽（基本上會先確認比賽結果……）廣島人和鯉魚隊選手間的關係，就和夫妻關係相同，偶爾會鬧鬧小彆扭，外人想要插手就像清官難斷家務事一樣。

鯉魚隊中有個超級受到廣島人喜愛的選手前田智德。
一九八九年在職棒選秀會以第四名的成績加入球隊後，始終是鯉魚隊的成員，是落合博滿及鈴木一朗公認的天才打擊者
在某次比賽時雖然守備失誤，但之後擊出決勝關鍵的全壘打而獲選為英雄人物接受賽後訪問時
產生失誤的人卻被稱為英雄實在很奇怪
他在訪問中堅持推辭英雄稱號。
※記錄上並未記錄前田的失誤。
對他而言成績沒什麼太大的意義，突破嚴重的運動傷害及逆境，始終追自我理想「打擊」態度
酷斃了～！
日本武士！
也受到其他球隊的球迷喜愛，
——因為前田是個男子漢。
廣島雖然輸了球，但是可以看到前田出賽就心滿意足了！
咦？
這樣好嗎？
BEER

潛規則35

希望廣島隊的人氣選手不要再轉為自由球員了

Hiroshima Rules

抱著「我們是市民球團」的自豪，所以當有實力的選手不斷因為營運資金艱困的獨立核算制而轉為FA（Free Agent／可自由跟球隊締約的球員），不禁讓廣島人在心中吶喊：「行行好別再這麼做了！」、「超不爽的……」。只要是鯉魚隊球迷心情難免五味雜陳。可能是因為這樣的心情，二〇〇八年，從鯉魚隊跳槽到阪神的新井貴浩在廣島戰初賽時發生了衝突！廣島市民球場上，到處都是被丟掉的新井還在廣島鯉魚隊時的紀念球衣，球迷還不斷以噓聲伺候新井。

也許有些球迷心疼地認為「SOGAANIYARANDEMO（有必要做到這種程度嗎）？」。但憤怒的背後，有著「新井明明一天到晚都說他喜歡廣島鯉魚隊……」，沒想到竟然被背叛的痛苦，以及對於球隊竟然無法留下他的憤慨。另外，廣島人在關鍵時刻會很激動，例如某次對戰阪神時，被阪神球迷嘲諷「鯉魚隊只不過是阪神的二軍」，因此在三壘側引發球迷的緊張對峙!?

在與選手締約時，就算沒有砸下重金，但只要簽了約的選手就用心栽培。曾經多年效力於廣島鯉魚隊的投手川口和久就曾說過：「廣島隊是從雜草孕育出花朵的隊伍」。可能是因為這樣，連前田健太（MAEKEN）在內，近年來以第一名進入選秀會的主力投手成長都很順利，投手陣容令球迷引以為傲。現在鯉魚隊已是北別府學、川口和久、津田恒實、大野豐等明星投手輩出的王國，不會再被人嘲諷從鯉魚旗季節（五月）就委靡不振了!?

潛規則36

棒球隊的加油風格也很創新！

Hiroshima Rules

以下要公開怎麼也介紹不完的廣島發行、日本首次的物品！是的，還有很多喔！日本首次發行的鋼筆（寫樂鋼筆製造販售，同時也生產業界首次的原子筆）、柑橘罐頭（將大長柑橘封裝成罐頭，成為日本的專利商品銷售到全世界）、將蘇格蘭威士忌首次引進日本（出生於竹原町竹鶴酒造的竹鶴政孝開發）、以及咖啡店提供早餐套餐的始祖（鷹野橋商店街「RUUEBURAJIRU」）等等。

另外，一個令廣島人更引以為傲的就是職棒的各種加油形式。例如針對不同選手演奏銅管小號加油樂曲、施放高空汽球（據說最早是廣島鯉魚迷在甲子園施放），以及肯定會帶來肌肉酸痛的交互蹲坐加油動作也是廣島鯉魚迷編成的。原本只是廣島鯉魚迷表現凝聚力的地方特色，但也可以說是廣島鯉魚讓日本的啦啦隊制式化。將分散於日本各地的私設加油隊組織起來，以日本廣島東洋鯉魚隊私設啦啦隊聯盟為中心，每年針對當季的聲援方針討論，甚至進行共同練習，真的是非常有制度。

而有關周邊商品的開發，廣島鯉魚隊也走在最前面，或許應該說根本是一飛衝天了!?

例如二〇一一年乘著鹽麴熱潮而誕生的「紅帽先生（山本浩二）」，打擊出去鹽麴」！過去曾販售過的「燃燒的廣島鯉魚」的可燃物垃圾袋、印著天然草皮花樣的「馬自達球場防水布」。和廣島企業合作而生產的時尚商品也很多。連其他隊伍的球迷也不禁發出「廣島隊的周邊商品太有趣了！」的驚嘆，令人無法忽視。

據說二〇〇九年周邊商品營業額約二十億圓……在電視轉播權利金調降無法支撐經營時，將主力轉移至周邊商品的策略，和其他資本雄厚的球隊相比可說是另類的先見之明……但也可以說這是歪打正著!?無論如何，廣島製造業的精神在這個地方也發揮得淋漓盡致。

廣島鯉魚隊和日本職業足球隊廣島三箭的共通點
都是由我們球迷支持球隊
以前廣島鯉魚隊財務困難的時候，是市民發動捐款挽救球隊，通稱「樽募金」
廣島鯉魚隊
募款
現在廣島三箭的練習場，也是球迷和市民擔任「除雪志工」才得來的
這兩個……
好像在什麼地方很像……
啊
A○B48!!!
○○，我會為妳加油直到你成為中央位置成員！
所以我不是說了嗎？我們才不會搞背叛
應該說，我們永遠都會一直聲援下去啦！

潛規則37

不是紅色或紫色，而是紅色及紫色

除了廣島鯉魚隊，還有廣島三箭（Sanfrecce Hiroshima）。這也是廣島人對於家鄉引以為傲的「特產」。事實上廣島和埼玉、靜岡並列為足球聖地，如同大河FC等歷史悠久的素人隊伍也不少。廣島三箭的前身是馬自達（原本的東洋工業）於一九三八年創設的足球部。因此不是紅色或紫色的選擇題，而是紅色及紫色的複選題！只要是廣島人就應該不管節操，穿上象徵廣島鯉魚的紅色T恤後，還要再穿上象徵廣島三箭的紫色T恤……好啦，即使不需要透過穿著以示忠誠，也絕對會確認不會錯過兩隊的比賽結果！所以至少要記住甲組職業足球聯賽計分達到一百的佐藤壽人，以及擅長活絡氣氛的森脇良太等受歡迎的選手。

不過，和廣島鯉魚相同，主力選手跳槽到其他隊伍的狀況也時有所聞。近年來有在廣島土生土長的槙野智章跳槽至浦和紅鑽，浦和紅鑽開幕賽時便噓聲四起。話雖如此，由於不遺餘力栽培新人的球隊特性，近年來年輕選手有大幅成長，成績也扶搖直上。

當地居民也對他們十分厚愛，設有練習場的安藝高田市，市民親自擔任除雪志工，因此選手和球迷的距離很近！主場獲勝後由選手表演「廣島三箭劇場」已成了例行公事。甚至販賣「保一券」，讓球迷獲得和森保一教練一起享用什錦燒的權利。對了，現在受人注目的是在橫川組成的女子足球隊「廣島紫天使（ANGE VIOLET HIROSHIMA）」。日本女子球隊的浪潮也得趕緊跟上才行？

潛規則38

一說到報紙，就是中國新聞

Hiroshima Rules

「你看了中國新聞嗎?」開發iPad的蘋果公司員工也會這麼說(滿臉問號的人請參考潛規則三十),就像說到紐約就是《紐約時報》,一說到廣島人,就是《中國新聞》。這是廣島的「常識」!《中國新聞》有縣內百分之五十一點零一,市內則為百分之五十五點九七,令廣島引以為傲的普及率,堪稱「質報(QUALITY NEWSPAPER)」(二〇〇九年七~十二月。根據日本ABC協會調查)。

《中國新聞》大受歡迎的秘密,在於刊載當地消息的內容。對於在地的業務員,其重要性自不在話下,也是主婦平時茶餘飯後八卦,想得知廣島新聞時必讀的報紙。另外,《中國新聞》除了「廣島都會圈」,還細分為「吳、東廣島」、「縣北」、「福山」、「尾三(尾道、三原)」、「島根」等區域刊登新聞,吻合「偏愛咱們家鄉」新聞的精神。另外,絕不能不提廣島東洋鯉魚隊(馬自達球場贏得比賽時,在球場發布號外新聞)或廣島三箭足球隊等當地體育隊伍的消息(廣島沒有當地的體育報),有關原子彈或和平相關的消息報導也是其他報紙難以望其項背的。

不過,雖然名為「中國」新聞,但岡山有《山陽新聞》、鳥取有《日本海新聞》、島根則是《山陰中央新報》,中國地方的媒體可說是群雄割據狀態。唯一的救命稻草(?)山口縣竟然是《朝日新聞》市占最高……。但無論如何,迎向創刊一百二十年,持續守護地方復興的尊嚴仍然健在。也只有近距離採訪的當地媒體才能提供守護高齡人士的服務「中平安心連線[44]」。如果要住在廣島,果然還是要看《中國新聞》。

潛規則39

知道「廣島太郎」，卻不清楚他真正的身份

Hiroshima Rules

廣島太郎——要是讓奇才都築響一來說，就是「廣島地標」。而對廣島人來說帶著親暱感而暱稱為「太郎」的，難道是當地的藝術家？還是地方上的藝人？又或者是廣島的吉祥物？這些都不對！

其實指的是在廣島市內可以看到的遊民。希望你不要因此輕蔑地說：「開什麼玩笑！」。太郎他的特徵就是他的打扮。有時他全身掛滿了玩具，有時則是掛滿了手錶而全身髒兮兮……不，簡直就是女神卡卡般的前衛藝術家。就如一開始提到的，甚至具有被都築響一運用於二〇一〇年廣島市現代美術館舉辦的展示會（本通的宣傳海報中也有使用）的實力。

就和太郎的外表一樣，有許多關於他的「INAGE」（廣島方言的意思是奇妙）傳言：「其實他是超級有錢人家的大少爺」、「請他上媒體的演出費用很高」、「他在有名的企業上班」、「因為被女人甩了所以才會如此潦倒」、「現在的太郎是第二代的太郎」等。

真相如何始終成謎，但無論他是個什麼樣的人，大家都同樣地關懷守護他。過去他曾參加廣島花節（參考潛規則四十二）的卡拉OK大會，他生病而被送到醫院時，地方上的報紙也加以報導，根本就是超級名人。

對看似雜亂的存在加以愛護，能夠包容這樣的異類分子也是廣島（人）大方慷慨及包容之深。要是想目睹太郎的廬山真面目，請在市內慢慢閒逛尋找他的蹤影！

潛規則40

廣大遷址是憾事

廣島大學是中國、四國首屈一指的綜合大學，是日本國立大學中佔地第二大的。前身是從戰前就被視作教育界的兩大總本山——舊二文理大的舊廣島文理科大學（另一所則是前身為東京理科大學的筑波大學）及廣島高等師範學校合併而成。因此，在教育界的地位極高，就國際排名來看，是繼東京大學、京都大學，名列知名度第三高（？）的大學。

廣島大學通稱「廣大」，可說是來頭不小的正統學校，九州、四國、關西方面來的入學者也很多。在日本的中國地方一說到是廣大畢業生，就會令人肅然起敬。然而，對於廣島市民而言，卻和廣島機場相同，因為地理因素而處於複雜的地位。

原本位於廣島市的校園，隨著校園老舊、設施擴大及整合等問題，於八〇～九〇年代移到東廣島市。因此，以往在市內本通附近來來去去的學生，一口氣流失……。就各種層面來說都對市內造成很大的打擊。由於廣大遷移校址，東廣島鎖定學生族群的店家與商業設施大增。一九九一年近畿大學工學部移設廣島後，在大學的研究靈活運用於產業技術，廣島科技中心等產業支援設施也陸續建設。那些一去店裡，顧客是廣大生，打工的是廣大生，不用說學校裡也是廣大生……不論發生什麼事，幾乎都是同一學校的學生！這樣的場景也不復往日了。

不過，說到東廣島，是以日本酒的城鎮、工業區聚集的城鎮而廣為人知，其實還有應該記住的名產，那就是被稱為恐怖咖啡館的「伴天連」。

這是一家結合咖啡館及鬼屋的店家，沒有身體的女人頭人偶、可以時而聽見背景樂有女人的尖叫聲（店裡擺設都是店主以傳統手動式設置），能夠享受充滿服務精神（？）的遊樂設施。也有「只要是廣大生，誰都要去試一試自己的膽量？」的設施（店主年事已高，要去得趁早！）。雖然東廣島常被廣島市民揶揄是個「氣候不同」、「除了酒以外什麼都沒有」的地方，但其實意外地有許多值得一看的地方!?

這才是廣島太郎!!

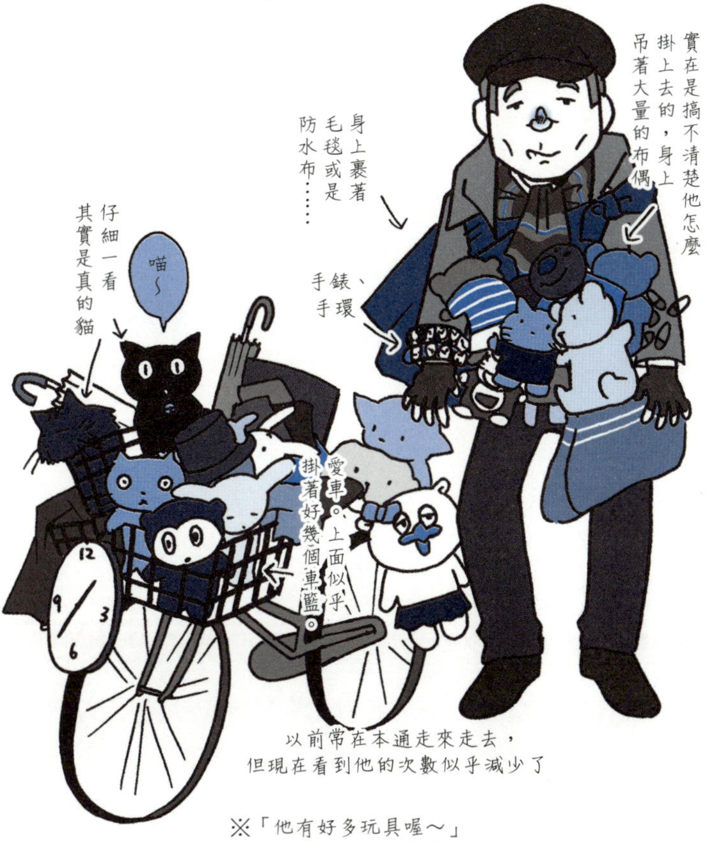
實在是搞不清楚他怎麼掛上去的，身上吊著大量的布偶
身上裹著毛毯或是防水布……
仔細一看其實是真的貓
喵～
手錶、手環
愛車。上面似乎掛著好幾個車籃。
以前常在本通走來走去，
但現在看到他的次數似乎減少了
※「他有好多玩具喔～」
懷著羨慕之情的廣島小孩似乎不在少數

潛規則41

認為廣島花節人潮過多

Hiroshima Rules

一說到代表廣島市的祭典，就是「廣島花節」(HIROSHIMA FLOWER FESTIVAL，通稱表記為FF)。每年約有一百六十萬人來訪，在黃金週假期的祭典中，和「博多港祭(DONTAKU)」並列號稱動員最多人的祭典——然而，一問到「什麼祭典？」「為什麼人這麼多？」事實上連廣島人也會納悶「究竟都是哪些人參加呀」？

廣島花節參與者眾，不僅來自外縣市的遊客多，內容也充實豐富。象徵FF的「花卉綜合遊行」，除了有企業及市民組成的團體、學生演奏樂團、寫著祈願和平的紙鶴神轎(紙鶴外觀的神轎)，還有迪士尼的卡通人物，甚至二〇一二年在大河劇《平清盛》中演出的演員也曾登場。另外，田徑選手為末大(廣島市出身)等人的表演、鄉土明星奧田民生的舞台表現(十二年來的主打節目)等活動也非常豐盛。此外還有廣島傳統藝術的神樂、慶典最後一天甚至有近年來在日本各地流行的YOSAKOI祭[45]……

相較於八月六日「靜態」的和平紀念日儀式，FF則應該是充滿生命力的「動態」慶典。與其說FF遵照這個舉辦精神，不如說有點過度了!?不，原本廣島鯉魚隊也是藉著日本職棒中央聯盟初次獲得冠軍時舉辦的遊行，開始了整個市都慶祝的活動，以企圖招攬更多觀眾……你懷疑這是沒有考慮後果便冒然增加的內容!?算了，反正廣島人原本就具有喜愛熱鬧慶典的特質。管它什麼原因，悠哉悠哉地享樂吧！

潛規則42

童年時懷念的遊樂場沒了

Hiroshima Rules

「好像會飛出去掉進海裡的雲霄飛車，超恐怖～」

「說到游泳池，就是漂漂池了！」

對超過某個年齡以上的廣島人來說，必定感到既懷念又興奮的遊樂場無疑是一九七四年，在廿日市開幕的遊樂場「廣島娜塔莉」（HIROSHIMA NATALIE。通稱「娜塔莉」）。就像文章一開頭說的，有超恐怖的海上雲霄飛車、在廣島初次登場的三百六十度迴轉雲霄飛車「LOOP THE LOOP」、巨大的摩天輪等遊樂設施，非常充實豐富！開幕時由當時出道未久的糖果合唱團[46]擔任廣告代言。豪華絢麗難以筆墨形容。可惜由於泡沫經濟瓦解而在一九九六年關閉。現在則是徒留往事成追憶!?原先的用地現在建造了購物中心「富士娜塔莉購物中心（Fuji Grand Natalie）」，只有店名及介紹看板仍可供懷緬。

事實上不光是娜塔莉，廣島似乎和遊樂場不太相容……。一九九二年建造的遊樂場「吳市波多比亞島」（通稱「吳波」）也在一九九八年歇業（目前改為吳市波多比亞公園，開放給市民使用）。只要是廣島人，小時候一定會去的「CHICHIYASU HIGH PARK」也因為移轉用地給中國新聞而縮小。雖然同樣在西區有「MARINA HOP，加油！」但年輕人若是想去遊樂場，寧可搭高速巴士到東京迪士尼樂園。也許是對當地遊樂園的渴求非常強烈，所以才會去……「山賊」。

潛規則43

（過去）升學就是私立&國立

Hiroshima Rules

高中生的大學升學率全日本排名第三，東大升學率全日本第七（二〇一二年）。

由此可見廣島人對教育熱衷的一面。因此，畢業於哪一所學校或是提到對方子女的考試、升學話題時，必須適度地回應才聰明。若要更積極，不妨掌握住基本事項及最新的日本全國考生百分等級。

首先，在廣島過去一談到升學的選擇，主要是私立或國立。廣島市近郊的話，是國立廣大附屬（廣島大學附屬國中、高中。也有人從幼稚園或小學直升）；如果是男生，可選國中、高中一貫的廣島學院大學或修道大學；女生則是聖母清心；東部則以廣大附設福山、如水館（棒球也很強）最受歡迎。

其中市內的學院和修道大學都是國中、高中一貫的男子私校，如果兩者比較，會發現校風南轅北轍。修道大學歷史悠久，根源於淺野藩的藩校，自由而放浪形骸的校風是一大特色，從高二開始就可以穿便服上學。畢業於修道大學的有當上總理大臣的加藤友三郎、畫家平山郁夫、政治家龜井靜香、歌手吉川晃司等人。

另一方面，學院大學則給人教會學校的禁慾派印象。一到學校，制服就換成稱為「TOREPAN」的白色運動褲。兩小時、三小時之間的下課時間，一定要做體操（過去必須上半身赤裸）。而且，規定使用風呂敷（包袱巾）上學的歷史竟然很長。順便一提，該校學生會的會刊

《風呂敷月刊》，吉祥物是「學院飛鼠（GAKUMON）」（使用風呂敷飛行，戴著眼鏡的飛鼠）……。該校畢業的名人有藝人風見慎悟、作家青山圭秀等人。

另外，市內的名媛女校則是廣島女學院、安田女子、比治山女子等，和修道大學交情甚篤的是女學院。學院大學則和附近的聖母清心淵源深遠，因此，越過地盤和女校學生交往更容易有糾紛（？），許多學院或修道男生都為此懷著一絲青春回憶。

然而，可能也是受景氣影響，近年來國中應試人口不斷減少，公立高中勢力不斷抬頭。例如被認為市內難度最高的基町、安古市、舟入等，還有過去作為進入海軍兵校的跳板、吳市的吳三津田（棒球選手廣岡達朗、創作歌手濱田省吾等人才輩出）；備後地區是尾道北高等學校（導演大林宣彥、漫畫家川口開治是該校畢業生）；福山誠之館、國中高中一貫的公立廣島中學、高中等，人氣亦不斷上升。此外，基町高校於二〇〇〇年改建的校舍更是超厲害，是由設計京都車站及札幌巨蛋的建築家所設計，電梯及巨大的挑高設計令人印象深刻。

再加上，棒球實力強的廣陵、廣商（廣島商業）、足球精英校的廣島皆實、觀音；車站馬拉松接力賽的實力名校世羅等，有關體育的名校也不妨記住。這麼一來，與廣島人談到畢業學校時，「你是學院畢業的？真是精英！」「啊！就是足球很厲害的那間學校？」「吉川晃司比風見慎吾帥吧」（？）就能夠適當地應對了。

※看不懂的人,請參考廣島HOME電視台的官網[47]
http://home-tv.co.jp/unicharap/index.html

潛規則44

八月六日是返校日

Hiroshima Rules

「八月六日……那是什麼日子來著？」

相信應該不會有人問廣島人這麼蠢的問題吧？……雖然難以置信，但是到外縣市的廣島人中，卻有不少人曾經被問過這個問題，因而感受到強烈的「溫差」。

近年來雖說由於時間的流逝使心理負擔減輕，但廣島人仍要從幼年時期便在學校接受紮實的和平教育。在社會學習課時去原爆資料館校外教學，因而流淚哭泣、夜不成眠，是每個廣島人都會有的共同經驗（近年來展示內容已經趨向溫和）。而且，八月六日雖然是暑假期間，但過去多數小學都將這一天規定為返校日。當天進行默哀祝禱、聽一聽受害者說話、唱紀念歌……學校每年折紙鶴也是共同的回憶。只要是廣島人，絕對沒有人不會折紙鶴吧！

可能是基於這樣的教育、環境背景，調查日本縣民意識的《現代縣民氣質》（NHK出版）中，回答「應該尊重以前就存在的慣例」、「想依循自己父母的方式活下去」、「應該聽從年長的人說的意見比較好」的廣島人遠超過日本全國平均人數。覺得「和家族祖先之間有強烈連結」的廣島人多達六成以上，也是一大特色。追求新事物的同時，也在某些地方擁有懷古幽情的廣島人，相信和他們在精神面上受到原爆歷史及和平教育的影響有很大的關係吧！

潛規則45

會唱中山牧場、德川的廣告歌

Hiroshima Rules

一唱「快快快、快速地攪拌攪拌♪」，就會接唱「煎成圓圓的、圓圓的一片吧！」；聽到「好好吃的肉～♪」，就會反射性地接唱「哞～」——這難道是廣島人的內建反應程式嗎!?

非廣島人可能一頭霧水，以下就為不了解箇中原因的人說明。它們分別是「德川」什錦燒，以及生產販售肉品的「中山牧場」，在當地播出的廣告歌曲。中山牧場的牛竟然吃牛肉的卡通廣告，在童年時心生「同類相殘？」的回憶也是廣島人共有的話題。

其他令人懷念的系列廣告還有「MASUYAMISO」的「媽！不要弄錯了喔！是MASUYAMISO喲～！」等健康味噌湯廣告系列，如果拜託當地人開口，想必就能以廣島腔原音重現這句廣告詞。另外，如果唱「HIROTUKU～」，就接唱「魚卵昆布～」才正確。說到「武藏　飯糰」，就要接著說：「請務必大駕光臨!!」才是常識。千福的「何不來一杯千福♪」（由日本詩人佐藤八郎作詞）；福屋的「LALALA～福屋♪」；販售「在廣島是最昂貴～的蛋糕喲♪」的「RURIDEN」廣告歌曲最好也記一下。另外，說到廣島廣告界的名人，有「竹屋饅頭」中出現的和藹可親的老奶奶、「川通餅」的文樂人形淨琉璃（木偶操作師吉田文吾）在廣島也無人不知、無人不曉。

如果也能牢記廣島鯉魚隊前田健太等選手，在「創建HOME建設」登場的廣告「創建體操」的話，就能一舉提升為廣島通，和當地人的會話應當更能相談甚歡。

潛規則46

坦白說，有浪的大海很可怕

Hiroshima Rules

由於陽光的反射，平靜的海面，波光粼粼如鏡片的光芒。

廣島人聽到大海時，浮現的是這樣的印象。

相較之下，「第一次看到日本海時覺得好可怕」、「東京灣好像很髒」、「湘南也未免太強勁了……」雖然具有海洋民族的特質，由於位在內海，所以對於其他地區隨著浪花拍擊海面的聲音而出現的大海，不禁退卻躊躇的也是廣島人。

因此，在其他縣市遇到「從高中就開始衝浪」的人會很吃驚，也有第一次去衝浪時便嚇壞了的狀況。是的，廣島沒有人衝浪，應該說不可能衝浪（雖然最適合花式滑水……）。

而且，正如「多島美」一詞般，廣島瀨戶內海區域散布著許多大大小小的島嶼。連小小的無人島也計算進去的話，共計一百四十二個島。過去常成為《古今和歌集》等文學作品中歌詠名勝風景的題材，也是德國的博物學家西博爾德（SIEBOLD）及傳奇犯罪小說大師湯馬斯・庫克（Thomas H. Cook）都曾讚不絕口的美景。不過，或許是因為世界級名勝每天看得都膩了!?所以當地人反而覺得「眺望一覽無遺（沒有島）的海平面真是感動」。

因此，要是廣島女生對男生說：「今天好想去看看海～」應當不是去近在眼前的瀨戶內海，而是指去面向日本海的島根縣濱田一帶。還可以期待「哇！大浪好可怕～（緊緊擁抱　）」令人心跳興奮的發展……或許吧？

潛規則47

如果追溯熟人的熟人，其中定有一人是名人或藝人

Hiroshima Rules

「好想讓廣島成為利物浦！」

以音樂人才輩出而廣為人知的博多（福岡），過去曾被曾為「日本的利物浦」。其實，廣島也有個男人曾說出本文一開始的台詞，那就是吉田拓郎（參考《小說・吉田拓郎眼中的廣島》田家秀樹著）。

因此，吉田拓郎等人組成的樂團，博得當地年輕人絕對性的人氣指數，他們作為據點的八丁堀廣島河合樂器，成為廣島年輕人聚集的場所。其中一人是當時仍是小學生的木本龍雄——也就是後來的西城秀樹。另外，一九六八年，以吉田拓郎等人為核心形成的民謠樂團（廣島民謠村），濱田省吾（竹原市出身）等音樂人才也都從這裡發跡，簡直就是孕育藝術家的沃土。或許離鄉闖天下的特質為助力，因而誕生為數眾多的名人也是廣島的特性。

歌手方面有吉田拓郎學弟（廣島皆實高中出身）的奧田民生、修道出身的吉川晃司（原水球日本代表）、世良公則、色情塗鴨（因島的明星）、島谷瞳、化學超男子的堂珍嘉邦（在新廣島電視台擔任助理導播時，曾負責中國電力贊助播出的「電太郎一家」。也曾擔任過一次演出）。廣島色彩極淡的矢澤永吉其實也是廣島出身。

年輕一輩中，則有廣島演藝學校出身的Perfume。演員部分有綾瀨遙、戶田菜穗、京野琴美、西田尚美等人。搞笑藝人當中則是有吉弘行、非女孩二人組。另外，還有魚住理英（出生於大阪）、山中秀樹、田太美壽壽等人。異類的惡魔小暮閣下在地球上（？）也是廣島出身，寫真女星杉原杏璃也是出生於廣島。

如果再加上運動選手的話……根本沒完沒了，所以就此割愛打住。因為這麼多的名人，所以經常出現以下對話：「吉川晃司是朋友的朋友，所以我跟他講過電話」、「綾瀨遙是那個農家的女兒」、「我的高中老師認識濱田省吾」、「戶田菜穗？啊，就是戶田醫院家的」等等，廣島人或多或少都和名人牽上某層關係。只要開啟「廣島出身的明星好像很多對吧？」的話題，和廣島人的交談就能很熱絡吧。

回到剛剛說過的《小說・吉田拓郎眼中的廣島》一書，其中曾提到吉田拓郎和其他樂團成員登上黃金山，站在山頂上說：「站在這裡看，廣島實在很狹小。我要去東京，去東京成為專業音樂人！」就如本文一開始說的，廣島人在展現出對鄉土熱愛的同時，發展出離鄉背井到外地發展的特質，也是受到這塊土地的地形影響吧！

另外，就如吉田拓郎說的，不論廣島是否等於利物浦，一九九九年開始的戶外音樂活動「SETSTOCK」（結合瀨戶內海的「SETO」和WOODSTOCK）已經確實札根。二〇〇四年，奧田民生排除萬難在舊廣島市民球場舉辦首次演唱會，而且他的首次演唱會是在和平紀念館的禮堂舉辦。今後這塊土地是否會繼續誕生擁有廣島DNA的爆炸性藝術家？值得關注。

可能因為廣島是個密集都市（compact city），和「演藝圈」近距離的人相當多
我和奧田民生讀同一所學校
我和吉田拓郎也是
學校的老師認識濱田省吾
吉川晃司大紅大紫的時候
我和吉川晃司讀同一家小學！
するめ 480
にごり 520
我以前可是吉川晃司的朋友
喂喂，吉川晃司哪是那麼輕易和他成為朋友的人？
他體型那麼高大又那麼強壯，誰都會對他另眼相看
呵呵
所以說什麼和他是朋友的人，根本就是吹牛
你聽誰說的？
吉川晃司朋友的朋友的朋友
啥？
我跟他才是真的朋友～
雖然無法判斷是真是假，但確實有很多名人傳說

潛規則48

當地藝人代表是西田篤史、松本裕見子、小林直己、MANAMINORISA

Hiroshima Rules

想知道廣島人的精神內涵，也要了解在當地走紅的藝人。

首先，成為在地型藝人的元祖而廣為人知的是西田篤史。他過去以情報節目「週刊爸爸時間」提升收視率而出名，而後主持「EVENING4」而廣為人知。

松本裕見子也是因為「週刊爸爸時間」為出道作品而開始大顯身手。RCC（中國放送）的播報員出身，主持「搞笑漫畫道場」的柏村武昭則是由廣島起步再進軍全日本的先驅。

另外還有形同Perfume妹妹團、也是廣島演藝學校出身的「愛美實里紗（MANAMINORISA）」。森本賢太雖然出身於神戶，但爽朗的外型及歌唱實力抓住了廣島太太（?）的心，在「廣島滿分媽媽!!」等節目中演出。另外，主持「有攻擊性又怎樣？」的中島尚樹（NAOKI）也值得注目，該節目以低預算出奇致勝的創意企劃，也逐漸在廣島以外的地區播出。而大泉洋的「你喜歡星期三嗎？」仍繼續掀起熱潮。

從事電視台播報員而在各個領域表現活躍的有RCC的橫山雄二，他於二〇〇一年和猿岩石組成「KEN-JIN BAND」，甚至出版了CD。此外，達川光男（TACCHAN）等原本在廣島鯉魚隊或廣島三箭的運動選手，戴著名人光環繼續在媒體活躍也是廣島才有的現象。

廣島的在地藝人共通點，不是像大阪的藝人拚命吐嘈或搞笑，也不是帥氣的外貌。他們受歡迎的秘密總是在於「自然大方，有個人特色，最重要的是和藹可親！」這才是獲得廣島人喜愛的關鍵！

潛規則49

廣島，是個好地方對吧？

Hiroshima Rules

——廣島究竟好在哪裡呢？

「不知道。為什麼呢？不過，畢竟是在這裡出生嘛！」

——因為有山又有水不是嗎？

「沒錯沒錯。仔細想想的確是這樣。別人看了也會覺得是個好地方對吧？」（節錄自《奧田民生SHOW》的採訪。SONY MAGAZINES文庫）

要把廣島人對廣島的感受化成言語，大概就像奧田民生的回應，似乎有些說不上來的冷淡，又有些不得要領。

然而，這正是廣島人自然的鄉土愛表現。他們不像大阪人一副要和東京認真對決的態度；不像京都人帶著傲氣自滿；也不像博多人那樣高舉雙手自豪。

他們更自由也更輕鬆。也不會去思考，既然喜愛家鄉，就不應該到外地發展再返鄉。不論住在哪裡喜歡的東西就是喜歡。也沒有必要非得用言語說出來吧？就是這樣的感覺。

當然，因為廣島人內心隱隱燃燒著熱情，只要跟他們攀談「馬自達球場，真是不錯呢！」就連粗魯的大叔也會因此和顏悅色；相反的，要是說了廣島鯉魚的壞話，大概會進入戰鬥狀態吧！不過，平時無論如何都是很溫和的。即使有點在意旁人的評價，還是會謙稱：「值得一看的地方，只有原爆圓頂館和宮島而已」、「雖然喜歡廣島鯉魚隊，但他們畢竟太弱了」、「果然『可惜呀！廣島』jakee」表現出來的總是以謙遜的一面。

廣島人多半還是在這塊土地土生土長的人們。從古時候就有眾多來自關東的武士移居到這裡，現在仍有許多調職而來的人居住。在各種特質交融之際，雖然是彼此容易衝突的密集城市，但通常當下都會取得平衡，避免失了分寸。拜溫暖的瀨戶內海氣候之賜，雖然有樂觀或得意忘形的時候，但也有重視與人相處，重義氣且保守的一面。雖然也有某些因素而失去自我認同的時候，但無損於廣島的「得天獨厚」。因為它是一個能夠自負地表示「不需要努力也無所謂的場所」。

平靜無波廣袤無垠的海洋、無邊無際的青空、珍饌佳餚、連尊敬語都不是那麼拘謹的廣島方言縮短了人與人之間的距離。無論輸贏都挺到底的廣島鯉魚隊。等待淋了醬汁而發出焦香的什錦燒煎好的小確幸。這是在廣島才有的世界。不需要逞強的氣氛，擁有諧和自在氛圍的這塊土地。

因此，雖然莫名地對MLB（美國職棒大聯盟）懷著憧憬與自卑般的情感，一有新的事物立刻飛奔而去，但廣島人果然還是喜愛原原本本的廣島……廣島，果然還是好地方吧？

出了廣島在大阪磨鍊後，我覺得
以後應該更要多加宣傳廣島的優點才行！
可是，我們又不像大阪那麼繁榮，而且廣島又狹小
什錦燒也是呀，雖然味道不輸大阪，但他們的還是比較有名氣 keenee～
廣島鯉魚也是……，雖然我總是聲援他們
就算不宣傳，來廣島的人還不是都覺得廣島是個好地方
對吧？東子小姐也是吧？
啊，打斷你們的話題真抱歉
我媽媽寄來現在東京正在流行的冰品，先冷凍在吃吧！
咦？什麼？那是什麼？
當然我也喜歡這樣溫暖自由的廣島氣氛
那就快點吃吧！

註釋

1 飯干晃一以戰後在廣島實際發生的黑道內鬥「廣島抗爭」為題材所著的原作小說。東映以此原作製作系列化的電影。
2 政令指定都市是日本基於《地方自治法》，行政命令指定的城市，簡稱為政令市或指定都市。基本條件為全市人口超過五十萬，獲指定者能擁有較其他城市更多的地方自治權力。
3 日文發音為「HONMAKANA、ARIENAI」，取「真的嗎、不可能」意思的諧音。
4 正式名稱為「廣島新交通1號線」。一般暱稱「Astramline」。其中「Astram」是由日文的「明日」（Asu）與英文「Tram」（軌道電車）合成的新造字。
5 二〇一二年已廢止，並改建為直升機機場。
6 原本是帝國銀行廣島分行，建於一九二五年。是原爆後，少數仍保有大半遺跡的建築物。修建完成後，成為一間複合式餐飲店。
7 於二〇一三年十月開幕。
8 以年輕人為主要客層的商店區。與一般認知上原宿的服裝店區域不同，因此被稱為「裏」原宿。
9 預計二〇一六年整體完工啟用。
10 當初簡稱為英文縮寫「UNI-CLO」。但是第一間店現已不存在。
11 原文為「お好み焼き／okonomiyaki」。
12 原文為「混ぜ焼き／mazeyaki」。
13 廣島市西區觀音地區栽培的蔥。
14 原文為カープソース。
15 原文為ミツワソース。
16 位於廣島本通商店街，集中約二十幾家什錦燒專門店舖，也是廣島觀光名勝之一。
17 原為日本古代令制國國名，大約是位在現在香川縣的位置，其特產讚岐烏龍麵廣為人知。
18 原文為チチヤスヨーグルト。

19 甲午戰爭到太平洋戰爭期間的一個軍事統帥組織。

20 Sacher Torte，奧地利經典的巧克力蛋糕。

21 日本節目「秘密のケンミンSHOW」。

22 專門給銀髮族食用的細碎、流質食物。

23 日文六三四（MUSASHI）的唸法與武藏同音。

24 商標。

25 原文「カキ打ち」(kaki-uchi)。

26 原文分別為「打ち子」、「打娘」，發音均為「uchiko」。又，日文的「娘」是「女兒」之意。

27 原文「シルシルミシルさんデー」。

28 原文為「砂かぶり席／sunakaburiseki」。

29 原文為「寝ソベリア／nesoberia」。

30 二〇一五年開始把部分用地暫定供作觀光巴士停車場。

31 日文原名《たまゆら》以廣島竹原市為背景舞台的日本原創動畫作品，於二〇一一年開始播放。

32 《轉學生》、《寂寞男孩》、《穿越時空的少女》等三部作品合稱尾道三部作。

33 原名《夕凪の街　桜の国》，作者為河野史代。二〇〇四年出版，描繪原子彈爆炸後的廣島市漫畫，於二〇〇七年改編為電影。

34 日文原名《はだしのゲン》，是作者中澤啟治以其親身經歷描繪原爆的漫畫作品。出版至今已翻譯超過二十餘國語言版本。繁體中文版由遠足文化出版。

35 原文「わしを生かしといたら、おどりゃ、あとで一匹ずつブチ殺しちゃるんど！」

36 「食い倒れ人形」。大阪有名的道頓堀吉祥物，設置於餐飲大樓前穿著紅白相間橫條紋的衣服，打著鼓的小丑。

37 「手がたわんけん、取って」

38 「ええがにいかんか（是不是進行得不順利）」音同「映画に行かんか（要不要去看電影／eganiikanka）」。

39 原文為「遠慮せんと飲みんさい」。

40 原文為「ほら、食べんさい」。

41 原文為「うち（私）、今日お弁当作ってきたけぇ、食べんちゃい」。

42 原文為「ほいじゃけえ、なんかが、それがどがいに動くんかいうのがあんたがわかる能力を超えとったら、ほんま魔法みたいなもんじゃ」

43 廣島鯉魚隊進入廿一世紀後就沒進入過A級隊伍，但此紀錄在二〇一三年終於突破，球季拿下中央聯盟第三名，並打敗第二名的阪神虎。

44 原文為「ちゅーピーホッと・らいん」。「ちゅーピー」是取自「中國新聞」和「和平」的首字。

45 YOSAKOI祭是一種最初由高知縣夜來祭開始，而後逐漸發展成盂蘭盆節期間在日本全國各地舉行的一種祭典形態。

46 由東京音樂學院三個少女組成的合唱團，一九七〇年代非常活躍。曾連續三年出席NHK紅白歌唱大賽。於一九七七年人氣頂盛時宣布解散。

47 該電視台製作了一系列的天氣預報影片。因此四格漫畫中模仿的都是廣告中的動漫人物動作。

參考文獻

《広島県謎解き散歩》松井輝昭（新人物文庫）

《広島学》岩中祥史（新潮文庫）

《これでいいのか広島県広島市》川口有紀（マイクロマガジン）

《広島カープ　苦難を乗り越えた男たちの軌跡》駒沢悟監修　松永郁子（宝島社文庫）

《広島人に告ぐ》金文学著（南々社）
《進化する路面電車》史絵・梅原淳著（交通新聞社新書）
《今じゃけぇ広島弁》町博光監修　NHK広島放送局編著（第一法規）
《カープの美学》迫勝則（宝島SUGOI文庫）
《踏んだら最後！県民性の地雷原》岩中祥史（ダイヤマオンド社）
《小説吉田拓郎　いつも見ていた広島》田家秀樹著（小学館文庫）
《奥田民生ショウ》宇都宮美穂著（ソニー・マガジンズ文庫）
《D列車でいこう》阿川大樹著（徳間文庫）
《現代の県民気質　全国県民意識調查》NHK放送局文化研究所編（NHK出版）
《観光でない広島》澤野重男著（高文研）
《月刊タウン情報ひろしま》（産興）
ウェブサイド「広島ニュース　食べタインジャー」(Diamond　Life)

＊其他請參考中國新聞、各公司官網。此外，本書並經過許多熱愛廣島人惠賜寶貴意見與想法所完成，非常感謝各方協助。

浮世絵16——廣島

別傻了 這才是 廣島

巴士超多・三分鐘熱度・醬汁消費量日本第一…
49個不為人知的潛規則

國家圖書館出版品預行編目(CIP)資料

別傻了這才是廣島：巴士超多・三分鐘熱度・醬汁消費量日本第一...49個不為人知的潛規則 / 都會生活研究專案著；卓惠娟譯・——初版・——新北市：遠足文化，2016.07——
(浮世繪；15) 譯自：島ルール
ISBN 978-986-93281-8-0 (平裝)

1. 生活問題 2. 生活方式 3. 日本廣島縣

542.5931 105011687

作者	都會生活研究專案
譯者	卓惠娟
總編輯	郭昕詠
責任編輯	賴虹伶
編輯	王凱林、徐昉驊、陳柔君
通路行銷	何冠龍
封面設計	霧室
排版	健呈電腦排版股份有限公司
社長	郭重興
發行人兼 出版總監	曾大福
出版者	遠足文化事業股份有限公司
地址	231 新北市新店區民權路 108-2 號 9 樓
電話	(02)2218-1417
傳真	(02)2218-1142
電郵	service@bookrep.com.tw
郵撥帳號	19504465
客服專線	0800-221-029
部落格	http://777walkers.blogspot.com/
網址	http://www.bookrep.com.tw
法律顧問	華洋法律事務所 蘇文生律師
印製	成陽印刷股份有限公司
電話	(02)2265-1491

初版一刷 西元 2016 年 7 月
Printed in Taiwan